AF189025

Impressum
Verlag: BABADADA GmbH, Nedderfeld 112 , 22529 Hamburg
Geschäftsführer / Verlagsleitung: Harald Hof
Druck: Books on Demand GmbH, In de Tarpen 42, 22848 Norderstedt

Imprint
Publisher: BABADADA GmbH, Nedderfeld 112 , 22529 Hamburg, Germany
Managing Director / Publishing direction: Harald Hof
Print: Books on Demand GmbH, In de Tarpen 42, 22848 Norderstedt, Germany

shkolla
de School

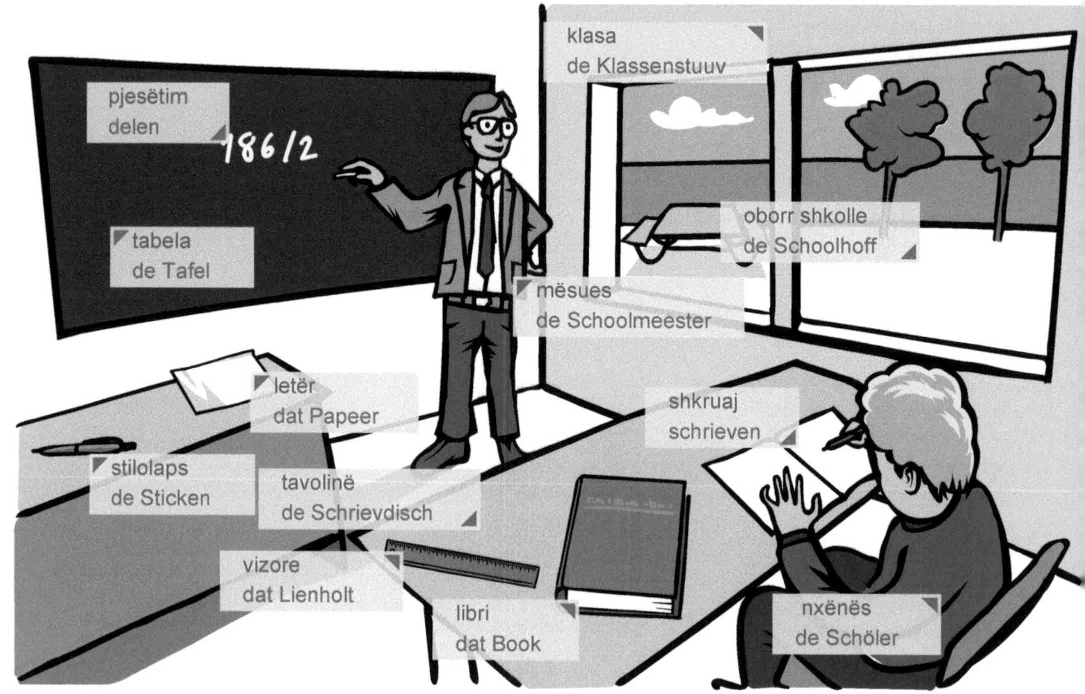
klasa
de Klassenstuuv
pjesëtim
delen
186/2
tabela
de Tafel
oborr shkolle
de Schoolhoff
mësues
de Schoolmeester
letër
dat Papeer
shkruaj
schrieven
stilolaps
de Sticken
tavolinë
de Schrievdisch
vizore
dat Lienholt
libri
dat Book
nxënës
de Schöler

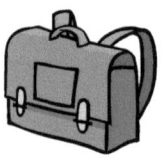

çantë

de Ranzel

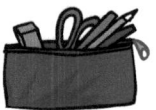

mbajtëse lapsash

de Feddermapp

laps

de Bleesticken

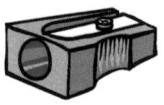

mprehës lapsash

de Scharpmaker

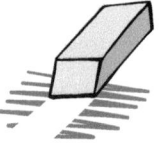

gomë

dat Radeergummi

fletore vizatimi

de Tekenblock

vizatim

de Teken

penel

de Pinsel

kuti bojërash

de Malkassen

gërshërë

de Scheer

ngjitës

de Klever

fletore detyrash

dat Heft to'n Öven

detyrë shtëpie

de Huusopgaav

12

numër

de Tall

2+2

mbledh

tohooptellen

5-2

zbres

aftrecken

2×2

shumëzoj

malnehmen

llogaris

reken

A

gërmë

de Bookstaav

ABCDEFG
HIJKLMN
OPQRSTU
VWXYZ

alfabeti

dat ABC

hello

fjalë

dat Woort

tekst

de Text

lexoj

lesen

shkumës

de Kried

mësim

de Stunn

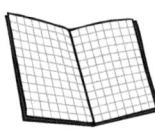

regjistër

dat Klassenbook

provim

de Pröven

çertifikatë

dat Tüügnis

uniformë shkolle

de Schooluniform

arsimim

de Utbillen

enciklopedia

dat Nakieksel

universitet

de Universität

mikroskop

dat Mikroskop

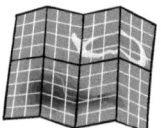

hartë

de Koort

kosh letrash

de Papeerkorf

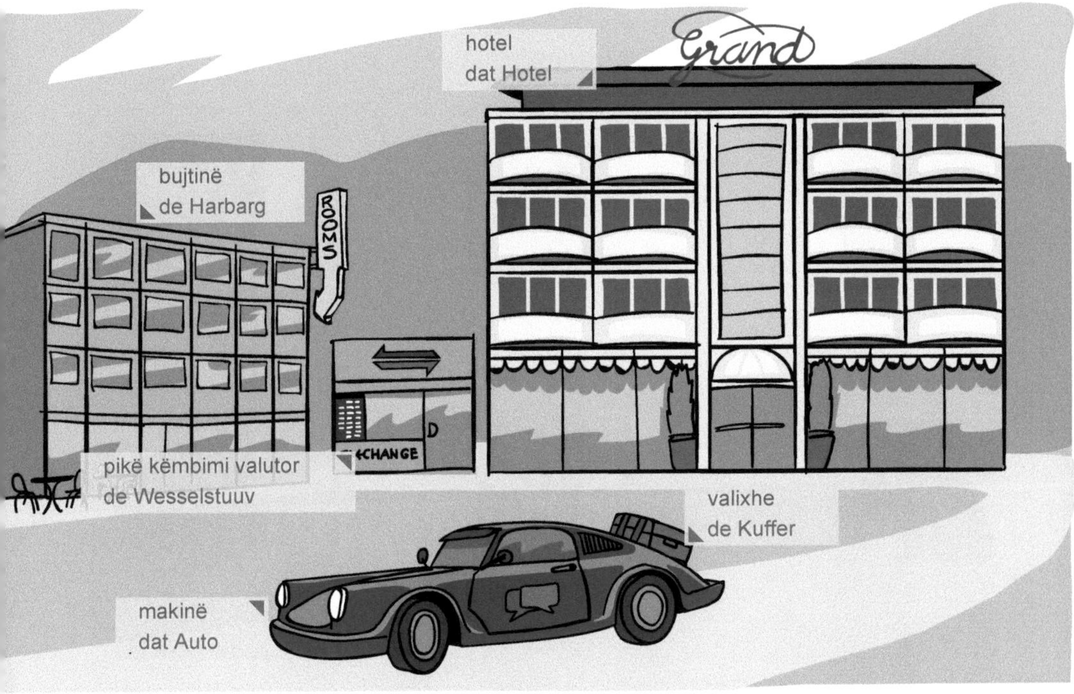

hotel
dat Hotel
Grand
bujtinë
de Harbarg
ROOMS
EXCHANGE
pikë këmbimi valutor
de Wesselstuuv
valixhe
de Kuffer
makinë
dat Auto

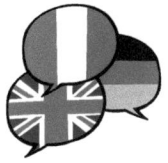

gjuhë
de Spraak

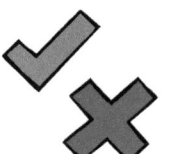

po / jo
jo / ne

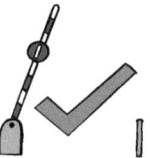

Në rregull
Jo

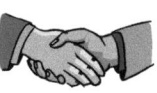

ç'kemi
Moin

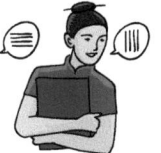

përkthyes
de Översetter

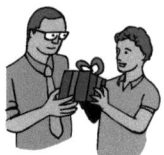

Faleminderit
Dank ok

sa kushton...?

Wat kost...?

nuk e kuptoj

Ik verstah nich

problem

dat Problem

Mirëmbrëma!

Goden Avend

Mirëmëngjes!

Moin!

Natën e mirë!

Gode Nacht!

mirupafshim

Tschüüs

drejtim

de Richt

bagazhet

de Bagaasch

çantë

de Tasch

çantë shpine

de Rüchsack

mysafir

de Gast

dhomë

de Stuuv

thes gjumi

de Slaapsack

tendë

dat Telt

informacion për turistët

de Touristeninformatschoon

plazh

de Strand

kartë krediti

de Kreditkoort

mëngjes

dat Fröhstück

drekë

dat Meddageten

darkë

dat Avendeten

Biletë

de Fohrkort

ashensor

de Fohrstohl

pulla

de Breefmark

kufi

de Grenz

doganë

de Toll

ambasadë

de Bottschop

vizë

dat Visum

pasaportë

de Pass

transport
de Transport

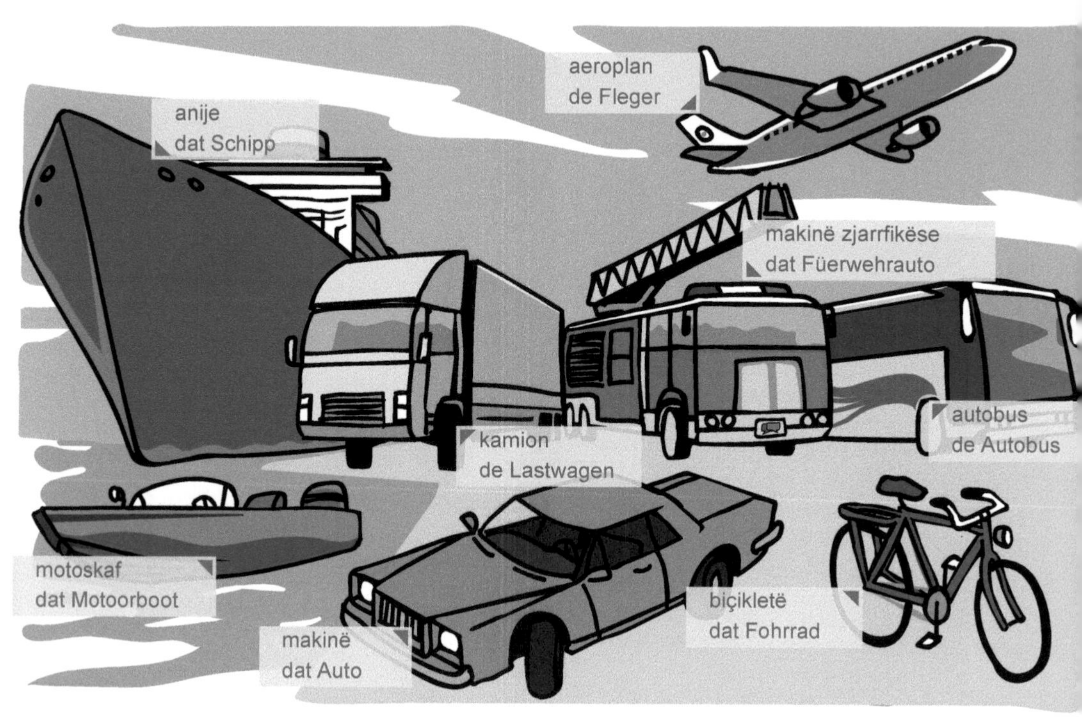
anije
dat Schipp
aeroplan
de Fleger
makinë zjarrfikëse
dat Füerwehrauto
kamion
de Lastwagen
autobus
de Autobus
motoskaf
dat Motoorboot
biçikletë
dat Fohrrad
makinë
dat Auto

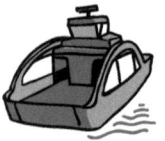

traget

de Fähr

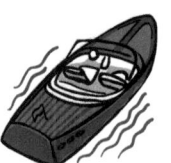

varkë

dat Boot

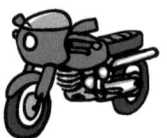

motoçikletë

dat Motoorrad

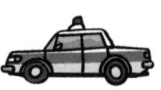

makinë policie

dat Polizeiauto

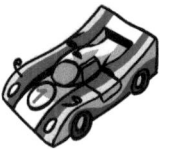

makinë garash

dat Rönnauto

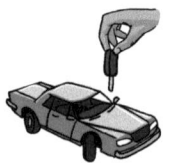

makinë me qira

de Lehnwagen

ndarje e qirasë së makinës

dat Carsharing

karroatrec

de Afsleepwagen

makinë plehrash

dat Müllauto

motor

de Motoor

benzinë

de Kraftstoff

pikë karburanti

de Tanksteed

sinjalistikë trafiku

dat Verkehrsschild

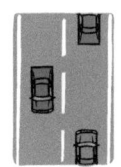

trafik

de Verkehr

bllokim trafiku

de Stau

parkim makinash

de Afstellplatz

stacion treni

de Bahnhoff

trase

de Sporen

tren

de Tog

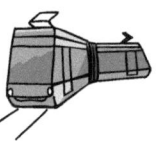

tramvaj

de Stratenbahn

karro

de Wagon

helikopter

de Dwarsmöhl

aeroport

de Flooghaven

kullë

de Tower

pasagjer

de Fohrgast

kontenier

de Grootkist

kuti kartoni

de Karton

qerre

de Koor

shportë

de Korf

ngrihem / ulem

starten / lannen

qytet
de Stadt

fshat

dat Dörp

qendra e qytetit

de Binnenstadt

shtëpi

dat Huus

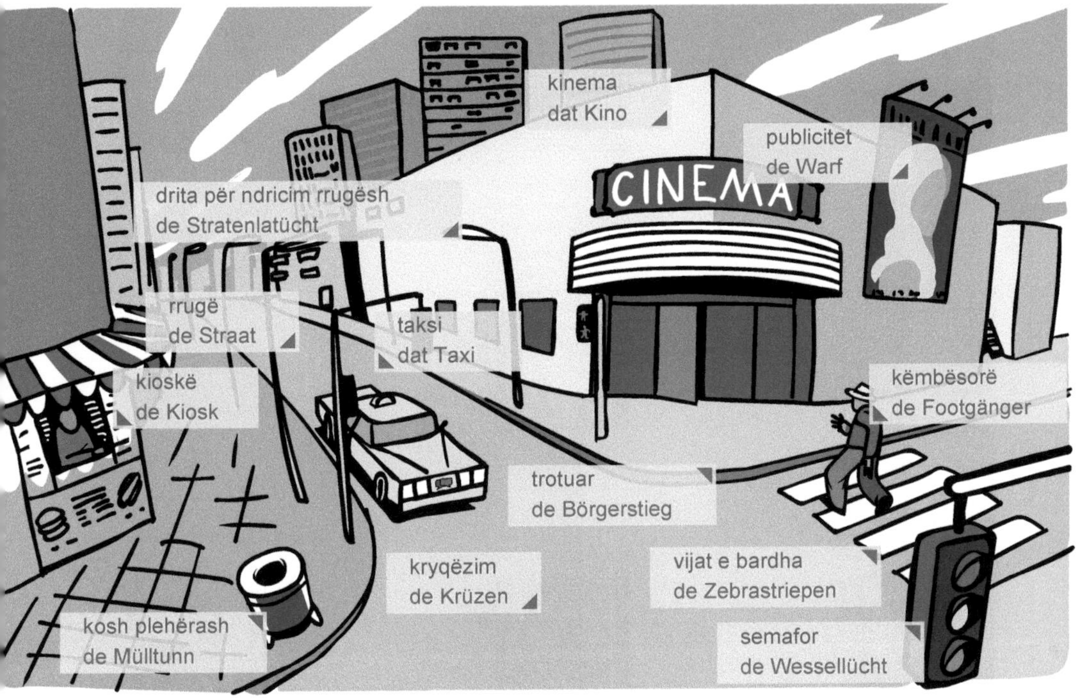

kinema
dat Kino

publicitet
de Warf

drita për ndricim rrugësh
de Stratenlatücht

rrugë
de Straat

taksi
dat Taxi

këmbësorë
de Footgänger

kioskë
de Kiosk

trotuar
de Börgerstieg

kryqëzim
de Krüzen

vijat e bardha
de Zebrastriepen

kosh plehërash
de Mülltunn

semafor
de Wessellücht

kasolle
de Hütt

apartament
de Wahnung

stacion treni
de Bahnhoff

bashki
dat Raathuus

muze
dat Museum

shkolla
de School

universitet

de Universität

bankë

de Bank

spital

dat Krankenhuus

hotel

dat Hotel

farmaci

de Afteek

zyrë

dat Büro

librari

de Bookhökerie

dyqan

de Hökerie

dyqan lulesh

de Blomenhökerie

supermarket

de Supermarkt

market

de Markt

mapo

dat Koophuus

dyqan peshku

de Fischhökerie

qëndër tregtare

dat Inkoopszentrum

port

de Haven

qytet - de Stadt

park

de Parkanlaag

stol

de Bank

urë

de Brüch

shkallë

de Trepp

metro

de Ünnergrundbahn

tunel

de Tunnel

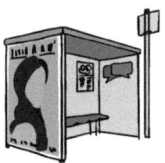

stacion autobuzi

de Busstoppsteed

bar

de Bar

restorant

dat Spieslokal

kuti postare

de Breefkassen

sinjalistikë rrugore

dat Stratenschild

kohëmatës parkimi

de Parkklock

kopsht zoologjik

de Deertenpark

pishinë

de Baadanstalt

xhami

de Moschee

fermë
....
de Buernhoff

ndotje
....
de Ümweltversmudden

varrezë
....
de Karkhoff

kishë
....
de Kark

shesh lojërash
....
de Speelplatz

tempull
....
de Tempel

peisazh

de Landschop

gjethe
dat Blatt

tabela orientuese
de Wiespahl

rrugë
de Weg

livadh
de Wisch

gurë
de Steen

ekskursionist
de Wannerer

pemë
de Boom

lumë
de Fluss

bar
dat Gras

lule
de Bloom

luginë

dat Daal

kodër

de Barg

liqen

de See

pyll

dat Holt

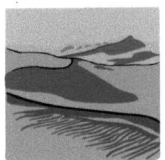

shkretëtirë

de Wööst

vullkan

de Füerspien Barg

kështjellë

dat Slott

ylber

de Regenbagen

kepudhë

de Poggenstohl

palmë

de Palm

mushkonjë

de Steekmück

mizë

de Fleeg

milingonë

de Miegeemk

bletë

de Imm

merimangë

de Spinn

peisazh - de Landschop

brumbull

de Sebber

bretkosë

de Pogg

ketër

de Katteker

iriq

de Swienegel

lepur

de Haas

buf

de Uul

zog

de Vagel

mjellmë

de Swaan

derr i egër

dat Wildswien

dre

de Hirsch

dre brilopatë

de Elk

digë

de Staudamm

turbinë ere

dat Windrad

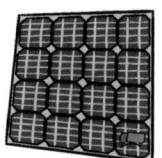

panel diellor

dat Solarmodul

klimë

dat Klima

restorant
dat Spieslokal

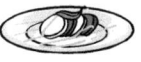

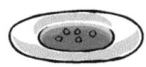

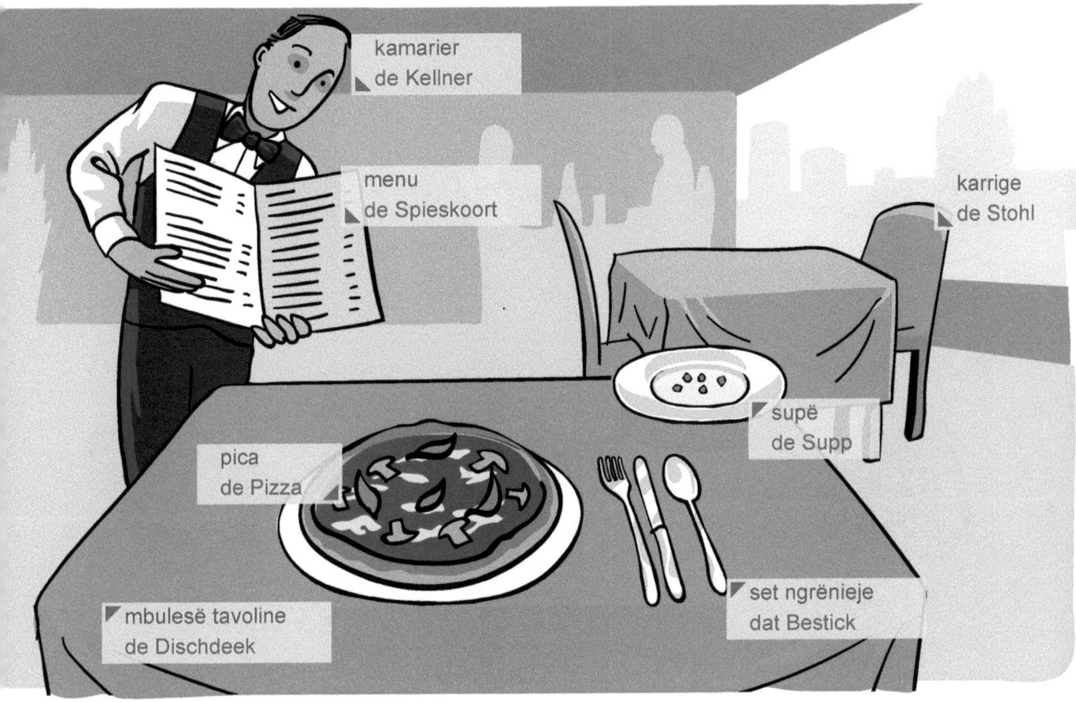
kamarier
de Kellner
menu
de Spieskoort
karrige
de Stohl
supë
de Supp
pica
de Pizza
set ngrënieje
dat Bestick
mbulesë tavoline
de Dischdeek

pjatë e parë
de Vörspies

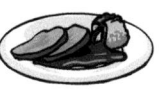

pjatë kryesore
dat Haupteten

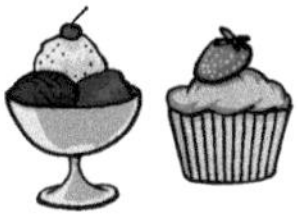

ëmbëlsirë
de Nadisch

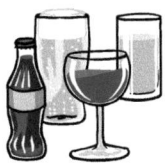

pije
de Drünk

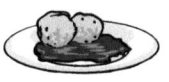

ushqim
dat Eten

shishe
de Buddel

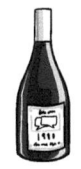

ushqim i shpejtë

dat Fastfood

ushqim i shërbyer në rrugë

dat Strateneten

ibrik çaji

de Teekann

kuti sheqeri

de Zuckerdoos

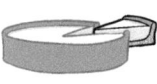

racion

de Portschoon

makinë kafeje ekspres

de Espressomaschien

karrige e lartë

de Hoochstohl

faturë

de Reken

tabaka

dat Tablett

thika

dat Mess

pirun

de Gavel

lugë

de Lepel

lugë çaji

de Teelepel

pecetë

dat Munddook

gotë

dat Glas

pjatë

de Töller

pjatë supe

de Suppentöller

pjatë filxhani

de Ünnertass

salcë

de Sooß

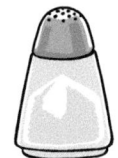

mbajtëse kripe

de Soltstreuer

mulli piperi

de Pepermöhl

uthull

de Etig

vaj

dat Ööl

erëza

de Krüder

keçap

de Ketchup

mustardë

de Mostrich

majonezë

de Mayonnaise

supermarket

de Supermarkt

ofertë speciale
dat Anbott
klient
de Kunn
FOR
produkte bulmeti
de Melkprodukten
frut
dat Aaft
karrocë pazari
de Inkoopswagen

BUTCHERS

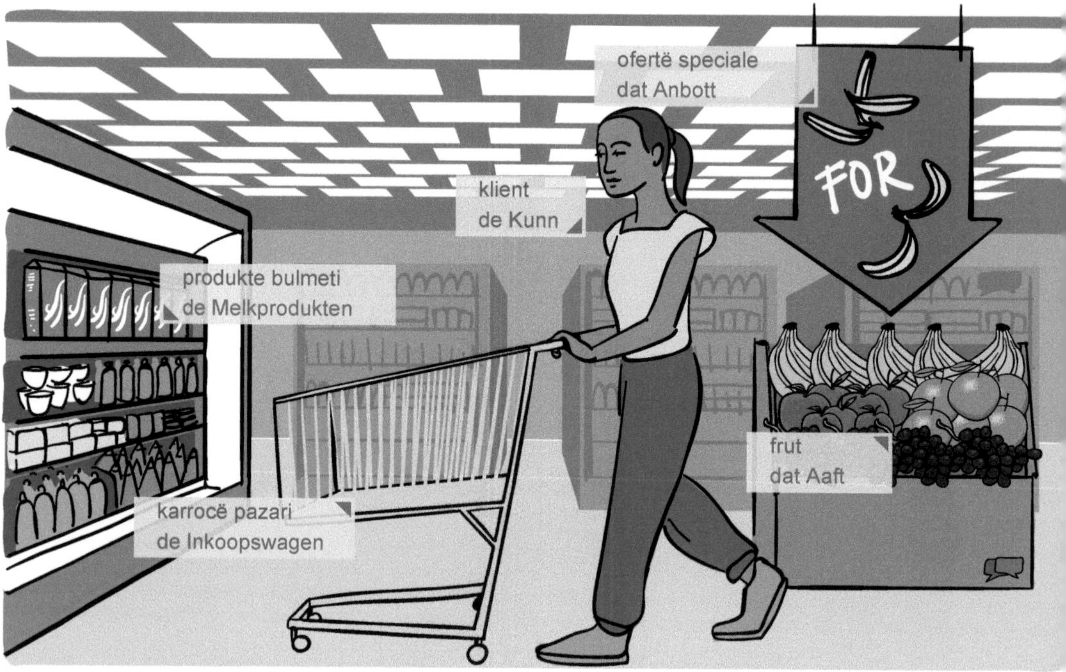

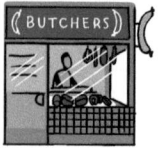

dyqan mishi

de Slachterie

BAKERY

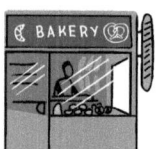

furrë buke

de Bäckerie

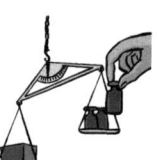

peshoj

wegen

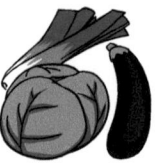

perime

de Gröönsaken

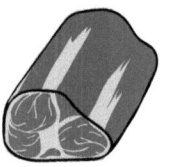

mish

dat Fleesch

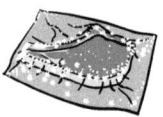

ushqim i ngrirë

de Deepköhlkost

copë
de Opsnitt

ushqim i konservuar
de Konserven

pluhur larës
de Waschmiddel

ëmbëlsirat
de Snoopkraam

prodhime shtëpie
de Huushooltssaken

produkte pastrimi
de Reinmaaktüüch

shitëse
de Verköpersche

kasë fiskale
de Kass

arkëtar
de Kasserer

listë blerjeje
de Inkoopslist

oraret e punës
de Opsparrtieden

portofol
de Breeftasch

kartë krediti
de Kreditkoort

çantë
de Tasch

qese plastike
de Plastiktüüt

ujë

dat Water

lëng frutash

de Saft

qumësht

de Melk

koka-kola

de Cola

verë

de Wien

birrë

dat Beer

alkool

de Spriet

kakao

de Kakao

çaj

de Tee

kafe

de Koffie

kafe ekspres

de Espresso

kapuçino

de Cappucino

banane

de Banaan

mollë

de Appel

portokalle

de Appelsien

pjepër

de Meloon

limon

de Zitroon

karrotë

de Wöttel

hudhër

de Knuuvlook

bambu

de Bambus

qepë

de Zibbel

kërpudha

de Poggenstohl

arra

de Nööt

makarona

de Nudeln

spageti

de Spaghetti

oriz

de Ries

sallatë

de Salat

patate të skuqura

de Pommes frites

patate të skuqura

de Braadkantüffeln

pica

de Pizza

hamburger

de Hamborger

sanduiç

dat Sandwich

shnicel

dat Snitzel

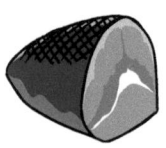

proshutë

de Schinken

sallam

de Salami

salçiçe

de Wust

pulë

dat Hohn

skuq

de Braden

peshk

de Fisch

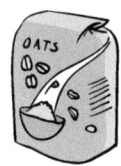

tërshërë

de Haverflocken

drithëra

dat Müsli

kornfleiks

de Cornflakes

miell

dat Mehl

kruasant

de Croissant

panine

dat Rundstück

bukë

dat Broot

tost

dat Toast

biskotë

de Keksen

gjalp

de Botter

gjizë

de Quark

tortë

de Koken

vezë

dat Ei

vezë sy

dat Spegelei

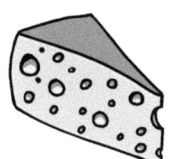

djathë

de Kees

akullore

de Ies

sheqer

de Zucker

mjaltë

de Honnig

marmaladë

de Marmelaad

çokokrem

de Nougat-Creme

këri

dat Curry

fermë
de Buernhoff

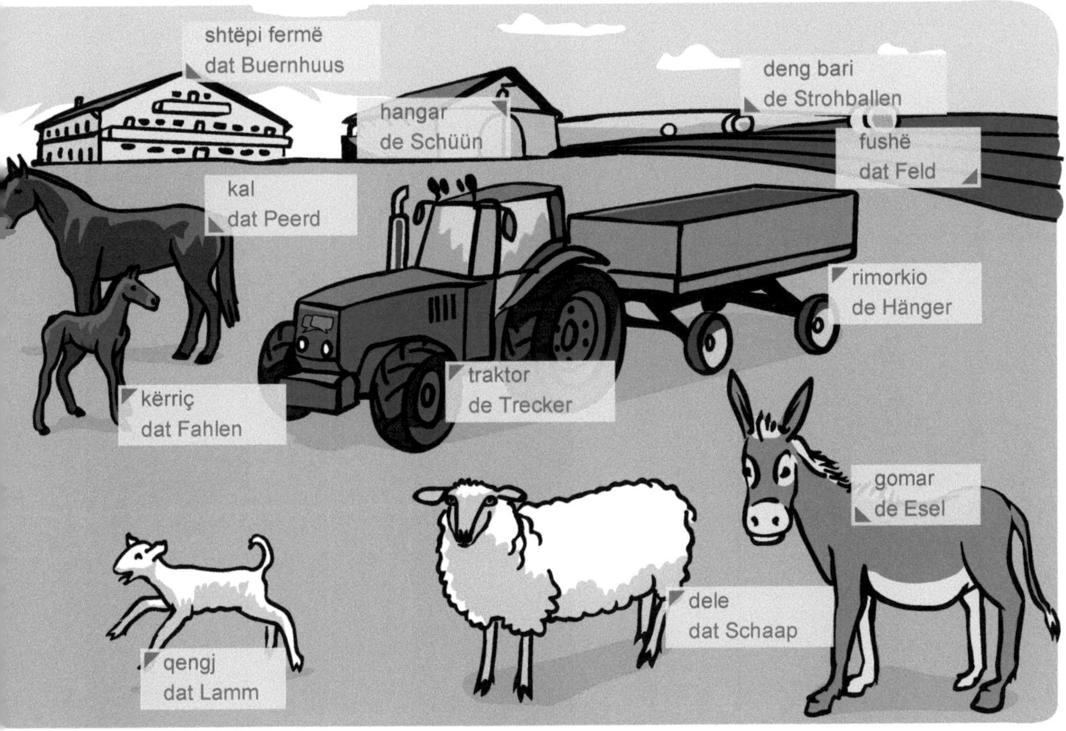
shtëpi fermë
dat Buernhuus
hangar
de Schüün
deng bari
de Strohballen
fushë
dat Feld
kal
dat Peerd
rimorkio
de Hänger
traktor
de Trecker
kërriç
dat Fahlen
gomar
de Esel
dele
dat Schaap
qengj
dat Lamm

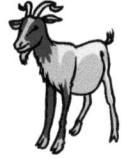

dhi

de Zeeg

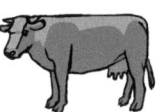

lopë

de Koh

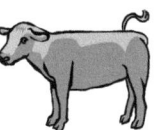

viç

dat Kalf

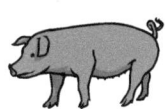

derr

dat Swien

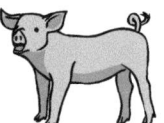

derrkuc

dat Farken

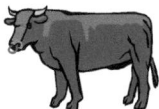

dem

de Bull

patë

de Goos

rosë

de Aant

zog pule

dat Küken

pulë

dat Hohn

gjel

de Hahn

mi

de Rott

mace

de Katt

mi

de Muus

buall

de Oss

qen

de Hund

kolibe qeni

de Hunnenhütt

zorrë vaditëse

de Goornslauch

vaditëse

de Geetkann

kosë

de Lee

plug

de Ploog

drapër
de Sich

shat
de Hack

kosa
de Mestfork

sëpatë
de Ext

karrocë
de Schuufkoor

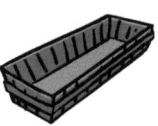

govatë
de Trog

bidon qumështi
de Melkkann

thes
de Sack

gardh
de Tuun

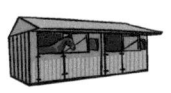

ahur
de Stall

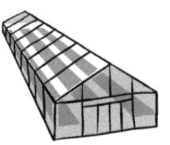

serë
dat Drievhuus

dhe
de Bodden

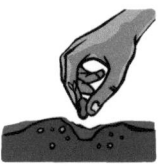

farë
de Saat

pleh
de Dünger

autokombanjë
de Meihdöscher

fermë - de Buernhoff   29

korr
oornen

te korrat
de Oorn

patate e ëmbël "Yam"
de Yamswöttel

grurë
de Weten

soja
dat Soja

patate
de Kantüffel

misër
de Törksche Weten

raps
de Rapp

pemë frutore
de Aaftboom

zhardhok manioku
de Troopsch Kantüffel

drithëra
dat Koorn

shtëpi
dat Huus

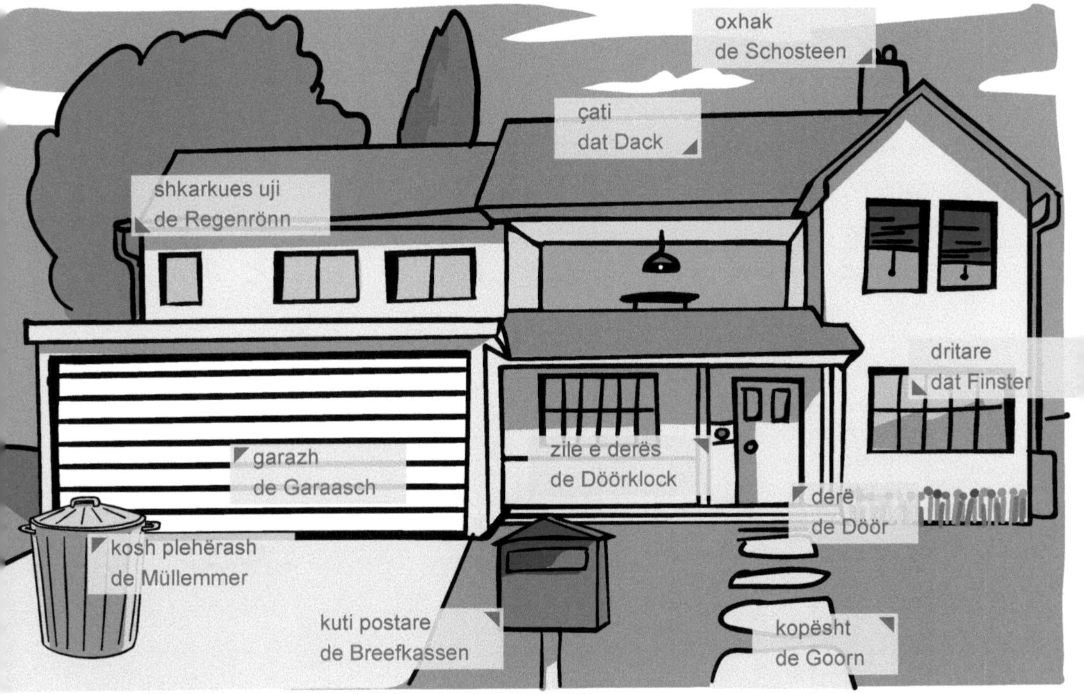

oxhak
de Schosteen
çati
dat Dack
shkarkues uji
de Regenrönn
dritare
dat Finster
garazh
de Garaasch
zile e derës
de Döörklock
derë
de Döör
kosh plehërash
de Müllemmer
kuti postare
de Breefkassen
kopësht
de Goorn

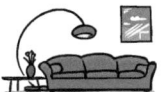

dhomë ndenjeje

de Wahnstuuv

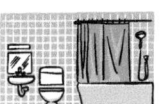

tualet

de Baadstuuv

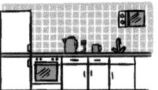

kuzhinë

de Köök

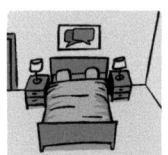

dhomë gjumi

de Slaapstuuv

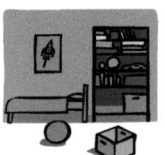

dhomë fëmijësh

de Kinnerstuuv

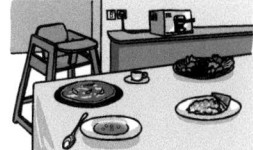

dhomë ngrënieje

de Eetstuuv

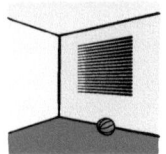

dysheme

de Footbodden

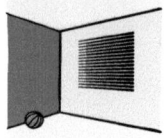

mur

de Wand

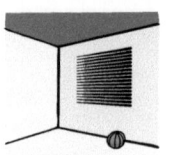

tavan

de Deek

bodrum

de Keller

sauna

dat Hittluftbad

ballkon

de Balkon

tarracë

de Terrass

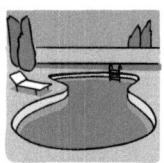

pishinë

dat Swümmbad

kositëse bari

de Rasenmeiher

çarçaf

de Bettbetog

kuvertë

de Bettdeek

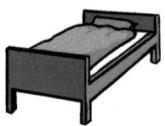

krevat

de Puuch

fshesë dore

de Bessen

kovë

de Emmer

çelës

de Schalter

dhomë ndenjeje
de Wahnstuuv

tapiceri
de Tapeet
fotografi
dat Bild
llambë
de Lamp
raft
dat Regal
dollap
dat Schapp
pajisje televizive
de Kiekkassen
vatër
de Kamin
lule
de Bloom
jastëk
dat Küssen
divan
dat Sofa
vazo
de Vaas
telekomandë
de Feernbedenen

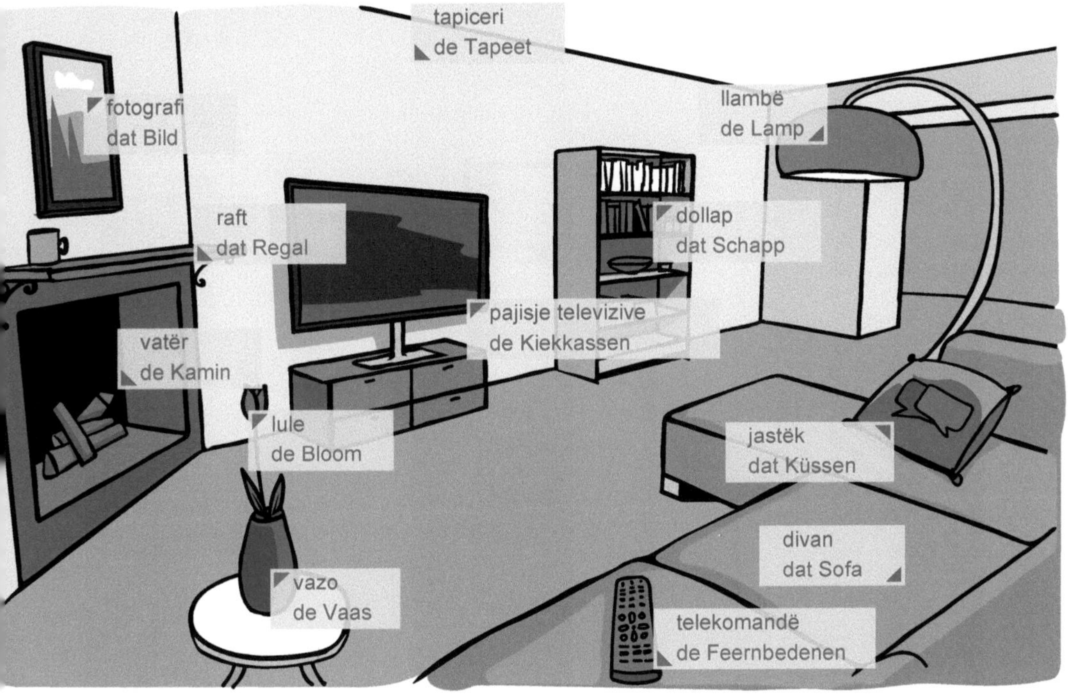

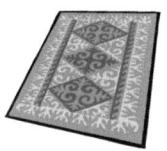

qilim
de Teppich

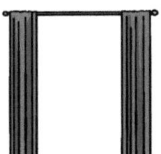

perde
de Vörhang

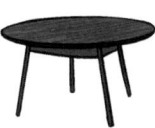

tavolinë
de Disch

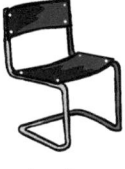

karrige
de Stohl

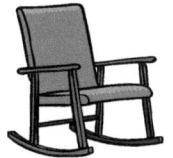

karrige lëkundëse
de Schuckelstohl

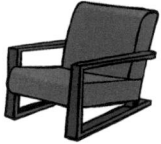

kolltuk
de Sessel

libri
dat Book

batanije
de Deek

zbukurime
de Dekoratschoon

dru zjarri
dat Füerholt

film
de Film

stereo
de Stereoanlaag

çelës
de Slötel

gazetë
dat Narichtenblatt

pikturë
dat Gemälde

afishe
dat Poster

radio
dat Radio

bllok shënimesh
de Opschrievblock

fshesë me korent
de Huulbessen

kaktus
de Kaktus

qiri
de Kars

kuzhinë
de Köök

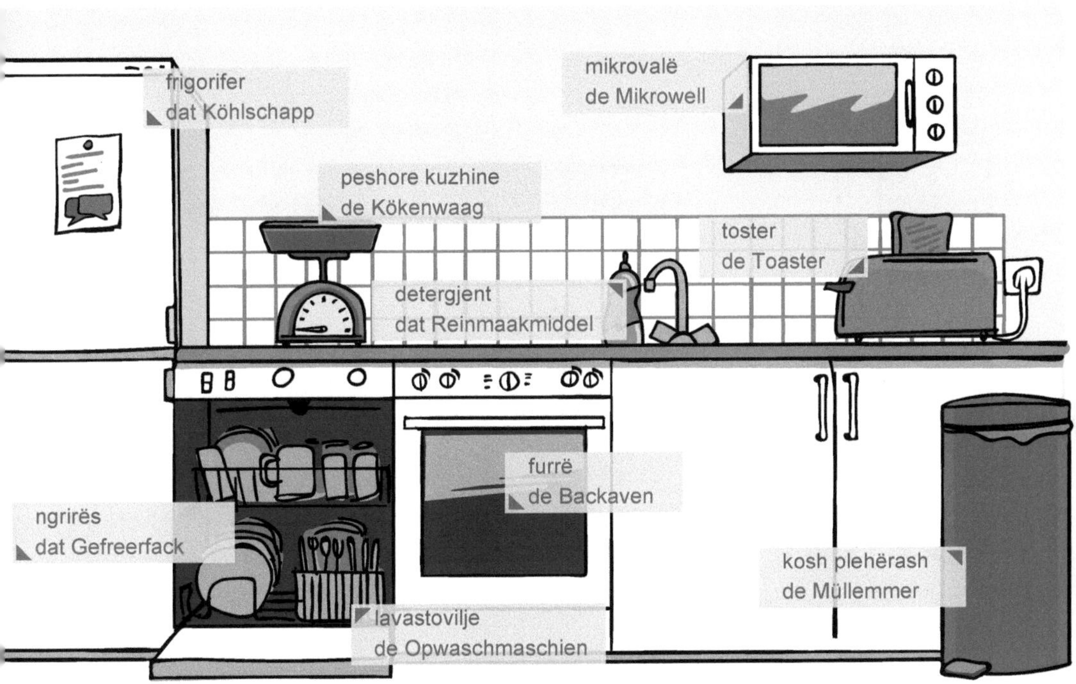

frigorifer
dat Köhlschapp
mikrovalë
de Mikrowell
peshore kuzhine
de Kökenwaag
toster
de Toaster
detergjent
dat Reinmaakmiddel
furrë
de Backaven
ngrirës
dat Gefreerfack
kosh plehërash
de Müllemmer
lavastovilje
de Opwaschmaschien

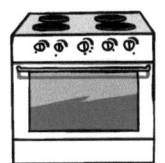

sobë
....
de Heerd

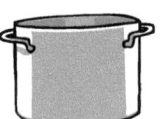

tenxhere
....
de Pott

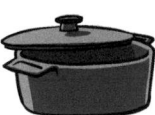

tenxhere me kapak
....
de Gussiesern Putt

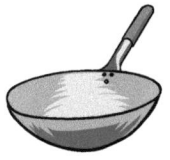

tigan special (Wok)
....
de Wok / Kadai

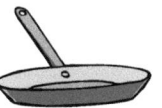

tigan
....
de Pann

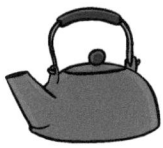

çajnik
....
de Waterkaker

tenxhere me avull

de Dampkaakputt

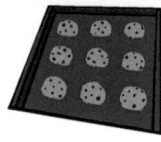

tavë pjekjeje

dat Backblick

enë

dat Geschirr

filxhan

de Beker

tas

de Schaal

shkopinj

de Eetsticken

garuzhde

de Suppenkell

spatul

de Pannenwenner

tel kuzhine

de Sneebessen

kulluese

dat Kaakseef

sitë

dat Seef

rende

de Riev

havan

de Mörser

skarë

de Grill

zjarr

de Füerstell

dërrasë për prerje

dat Sniedbrett

okllai

dat Nudelholt

heqëse tapash

de Proppentrecker

kanaçe

de Doos

hapëse kanaçeje

de Dosenaapner

rrobë për të kapur tenxheren

de Pottlappen

lavaman

dat Waschbecken

furçë

de Böst

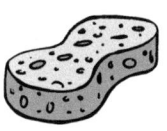

sfungjer

de Swamm

përzjerës

de Mixer

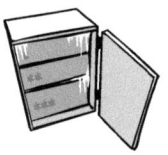

ngrirës

dat lesschapp

biberon për lëngje

de Nuckelbuddel

rubinet

de Waterhahn

tualet

de Baadstuuv

ngrohje
de Heizung
dush
de Bruus
peshqirë
dat Handdook
perde dushi
de Bruusvörhang
vaskë me shkumë
dat Schuumbad
vaskë
de Baadwann
gotë
dat Glas
lavatriçe
de Waschmaschien
rubinet
de Waterhahn
pllaka
de Fliesen
oturak
de lütte Putt
lavaman
dat Waschbecken

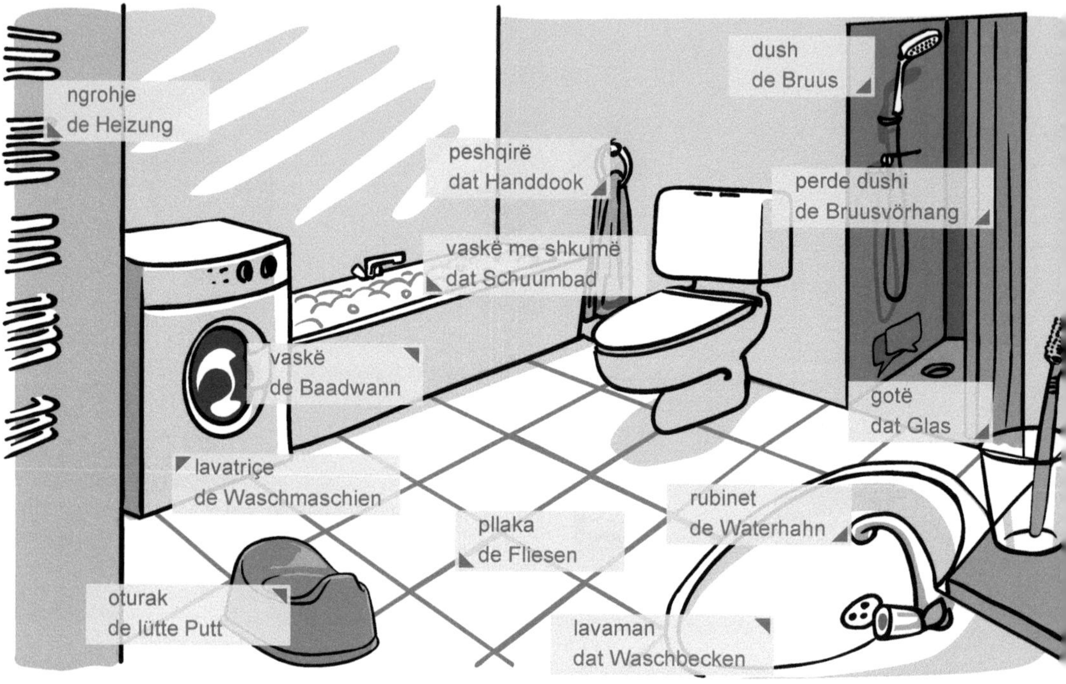

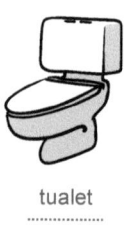

tualet

de Tante Meier

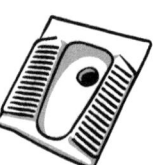

WC e sheshtë

de Hockklo

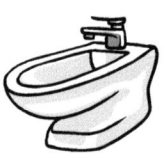

bide

dat Bidet

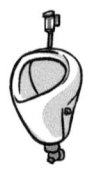

tualet publik

dat Miegbecken

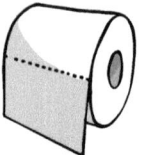

letër higjienike

dat Klopapeer

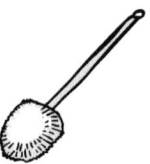

furçe për WC

de Kloböst

furçë dhëmbësh

de Tähnböst

pastë dhëmbësh

de Tähnpast

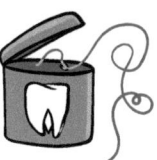

fije dentare

de Tähnsied

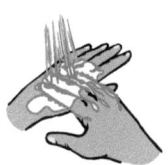

laj

waschen

dorezë dushi

de Handbruus

larës për zonën intime

de Intimbruus

legen

de Waschschöttel

furçë për masazh shpine

de Rüchböst

sapun

de Seep

shampo trupi

dat Bruusgeel

shampo

dat Hoorwaschmiddel

leckë pastruese

de Waschlappen

kullues

de Afloop

krem

de Creme

antidjersë

dat Deodorant

pasqyrë

de Spegel

pasqyrë dore

de Kosmetikspegel

brisk rroje

de Raserer

shkumë rroje

de Raseerschuum

locion pas rrojes

dat Raseerwater

krehër

de Kamm

furçë

de Böst

tharëse flokësh

de Hoordröger

llak për flokët

dat Hoorspray

grim

de Smink

buzëkuq

de Lippensticken

manikyr

de Nagellack

mbushje pambuku

de Watt

gërshërë për thonj

de Nagelscheer

parfum

dat Rüükwater

çantë për sendet personale

de Kulturbüdel

Stol

de Schemel

peshore

de Waag

robëdëshambër

de Baadmantel

dorashka gome

de Gummihanschen

tampon

de Tampon

peceta higjienike

de Damenbinn

tualet I lëvizshëm

dat Chemieklo

dhomë fëmijësh

de Kinnerstuuv

orë me zile
de Wecker
lodra me pellushë
dat Knudeldeert
makinë lodër
dat Speeltüüchauto
rraketake
de Klöter
shtëpi kukullash
dat Poppenhuus
dhuratë
dat Geschenk

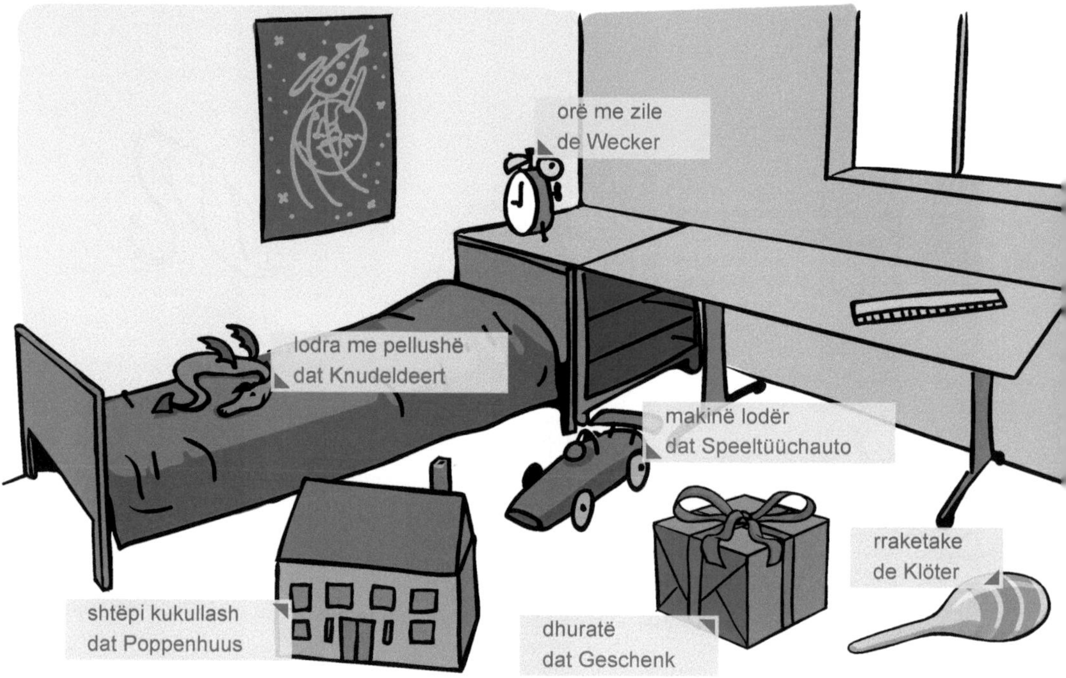

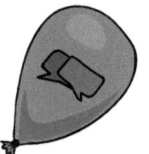

tollumbace

de Luftballon

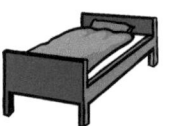

krevat

de Puuch

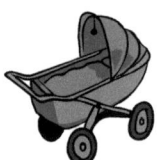

karrocë fëmijësh

de Kinnerwagen

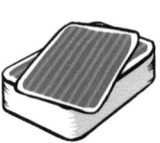

lojë me letra

dat Koortenspeel

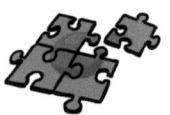

bashkim pjesësh me figura

dat Puzzle

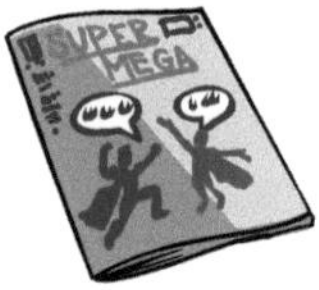

komik

de Billergeschicht

formuese lodër
de Legostenen

kuba plastikë
de Bustenen

lodra
de Action-Figur

badi
de Strampelantog

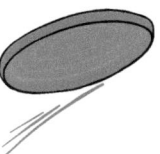

frizbi
de Frisbeeschiev

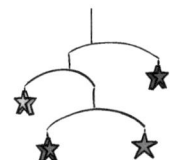

lodra të varura tek krevati i fëmijëve
dat Mobile

tavolinë lojërash
dat Brettspeel

zare
de Wörpel

model treni
de Modelliesenbahn

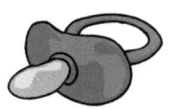

biberon
de Snuller

festë
de Party

libër me ilustrime
dat Billerbook

top
de Ball

kukull
de Popp

luaj
spelen

grumbull rëre

de Sandkassen

kolovarëse

de Schuckel

lodra

dat Speeltüüch

leva për lojra video

de Speelkonsool

triçikël

dat Dreerad

arush prej pellushi

de Teddyboor

garderobë

dat Klederschapp

veshje

dat Tüüch

çorape

de Socken

çorape të gjata

de Strümp

geta

de Strumpbüx

shall
dat Halsdook

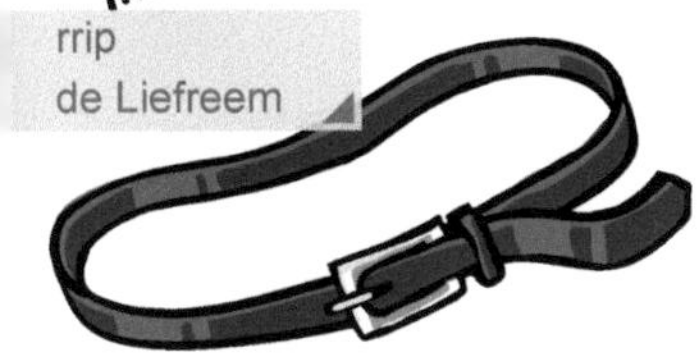

çadër
de Paraplü

rrip
de Liefreem

bluzë pa jakë
dat T-Shirt

atlete
de Turnschoh

çizme
de Stevel

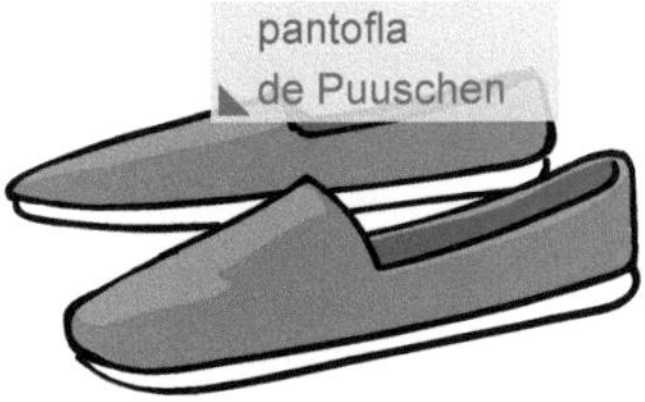

pantofla
de Puuschen

sandale
de Sandalen

këpucë
de Schoh

çizme llastiku
de Gummistevel

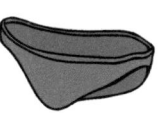

të mbathura
de Ünnerbüx

reçipeta
de Bostholler

kanotierë
dat Ünnerhemd

trup

de Lief

pantallona

de Büx

xhinse

de Jeansnüx

fund

de Rock

bluzë

de Bluus

këmishë

dat Hemd

pulovër

de Pullover

triko

de Kapuzenpullover

xhaketë

de Blazer

xhaketë

de Jack

pallto

de Mantel

mushama shiu

de Övertrecker

kostum

dat Kostüm

fustan

dat Kleed

fustan nusërie

dat Hochtietskleed

kostum

de Antog

këmishë nate

dat Nachtkleed

pizhama

de Slaapantog

sari (veshje tradicionale indiane)

de Sari

shami koke

dat Koppdook

çallmë

de Turban

veshje për femrat e besimit musliman

de Burka

kaftan (lloj veshjeje tradicionale)

de Kaftan

ferexhe

de Abaya

kostum banje

de Baadantog

rroba banje

de Baadbüx

pantallona të shkurtra

de Korte Büx

tuta sporti

de Antog to'n Öven

përparëse

de Schört

dorashka

de Handschoh

kopsë

de Knopp

syze

de Brill

byzylyk

dat Armband

gjerdan

de Halskeed

unazë

de Ring

vath

de Ohrbummel

kapuç

de Mütz

varëse për pallto

de Klederbögel

kapele

de Hoot

kravatë

de Binner

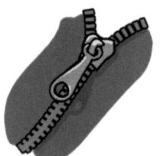

zinxhir

de Rietslüter

helmetë

de Helm

tiranda

dat Drachtband

uniformë shkolle

de Schooluniform

uniformë

de Uniform

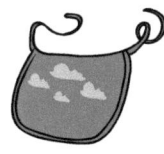

gushore

de Severböten

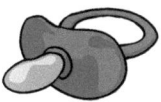

biberon

de Snuller

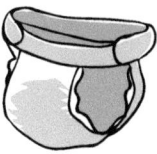

pelenë

de Winnel

zyrë

dat Büro

server
de Server
skedar
dat Aktenschapp
printer
de Drucker
ekran
de Bildschirm
letër
dat Papeer
maus
de Muus
tavolinë
de Schrievdisch
dosje
de Orner
tastierë
dat Knoopboord
karrige
de Stohl
kosh letrash
de Papeerkorf
kompjuter
de Computer

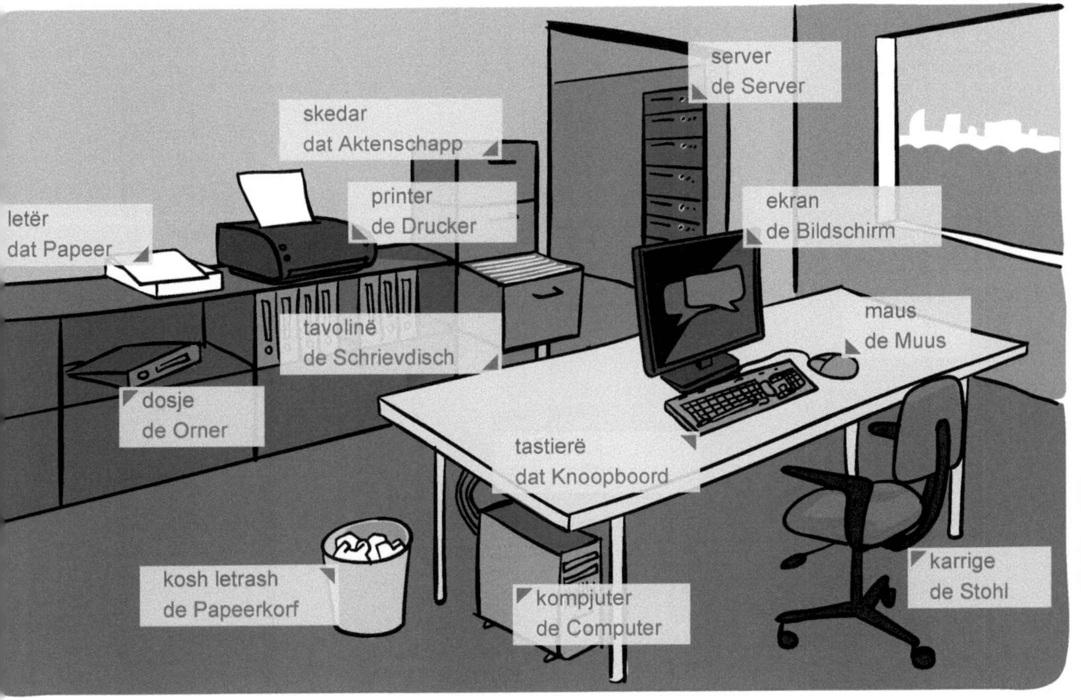

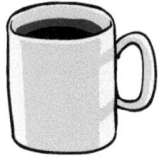

filxhan kafeje

de Koffiebeker

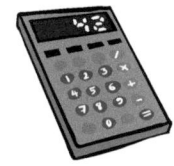

makinë llogaritëse

de Taschenreekner

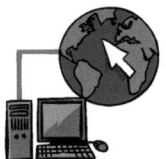

internet

dat Internet

kompjuter portativ

de Klappreekner

letër

de Breef

mesazh

de Naricht

telefon

de Ackersnacker

rrjet

dat Nettwark

fotokopje

de Kopeerapparat

program

de Software

telefon

de Klöönkassen

prizë

de Steekdoos

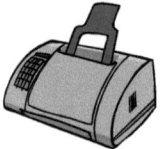

pajisje faksi

de Faxapparat

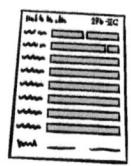

formular

dat Formulor

dokument

dat Dokument

blej
köpen

paguaj
betahlen

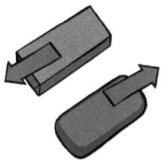

tregtoj
hanneln

para
dat Geld

dollar
de Dollar

euro
de Euro

jen
de Yen

rubla
de Ruvel

franga zvicerane
de Swiezer Franken

juani kinez
de Renminbi Yuan

rupje
de Rupie

bankomat
de Geldautomat

pikë këmbimi valutor

de Wesselstuuv

ar

dat Gold

argjend

dat Sülver

nafta

dat Ööl

energji

de Energie

çmim

de Pries

kontratë

de Verdrag

taksë

de Stüer

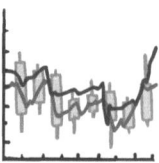

aksione

de Andeelschien

punoj

arbeiden

punonjës

de Anstellte

punëdhënës

de Arbeitgever

fabrikë

de Fabrik

dyqan

de Hökerie

ekonomi - de Weertschop

profesionet
de Profeschonen

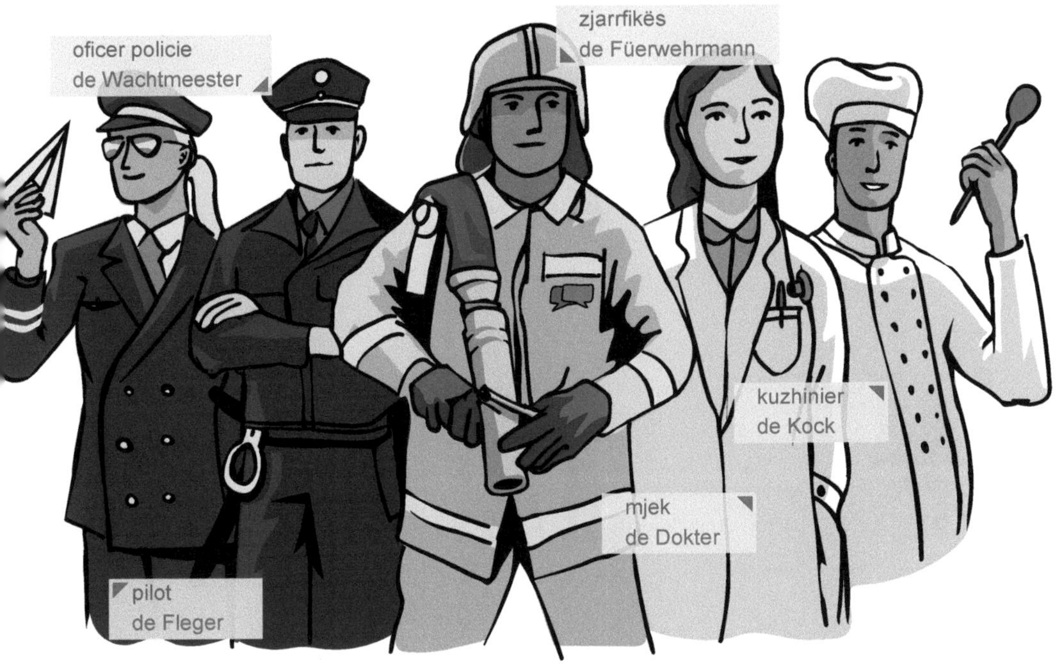

oficer policie
de Wachtmeester
zjarrfikës
de Füerwehrmann
kuzhinier
de Kock
mjek
de Dokter
pilot
de Fleger

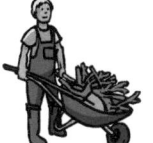

kopshtar
....
de Goorner

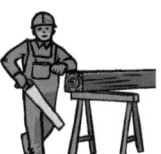

marangoz
....
de Discher

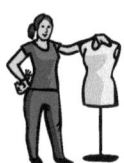

rrobaqepëse
....
de Neihersche

gjykatës
....
de Richter

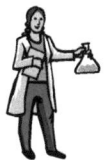

kimist
....
de Chemiker

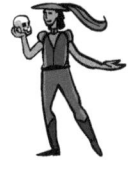

aktor
....
de Schauspeler

shofer autobuzi

de Busfohrer

taksist

de Taxifohrer

peshkatar

de Fischer

pastruese

de Reinmaakfru

riparues çatish

de Dackdecker

kamarier

de Kellner

gjuetar

de Jäger

piktor

de Maler

furrxhi

de Bäcker

elektriçist

de Elektriker

ndërtues

de Buarbeider

inxhinier

de Ingenieur

kasap

de Slachter

hidraulik

de Klempner

postieri

de Postbüdel

ushtar

de Suldat

arkitekt

de Architekt

arkëtar

de Kasserer

luleshitës

de Florist

berber

de Putzbüdel

kontrollor

de Schaffner

mekanik

de Mechaniker

kapiten

de Kaptein

dentist

de Tähndokter

shkencëtar

de Wetenschopler

rabin

de Rabbi

imam

de Imam

murg

de Mönk

klerik

de Paap

mjete
dat Warktüüch

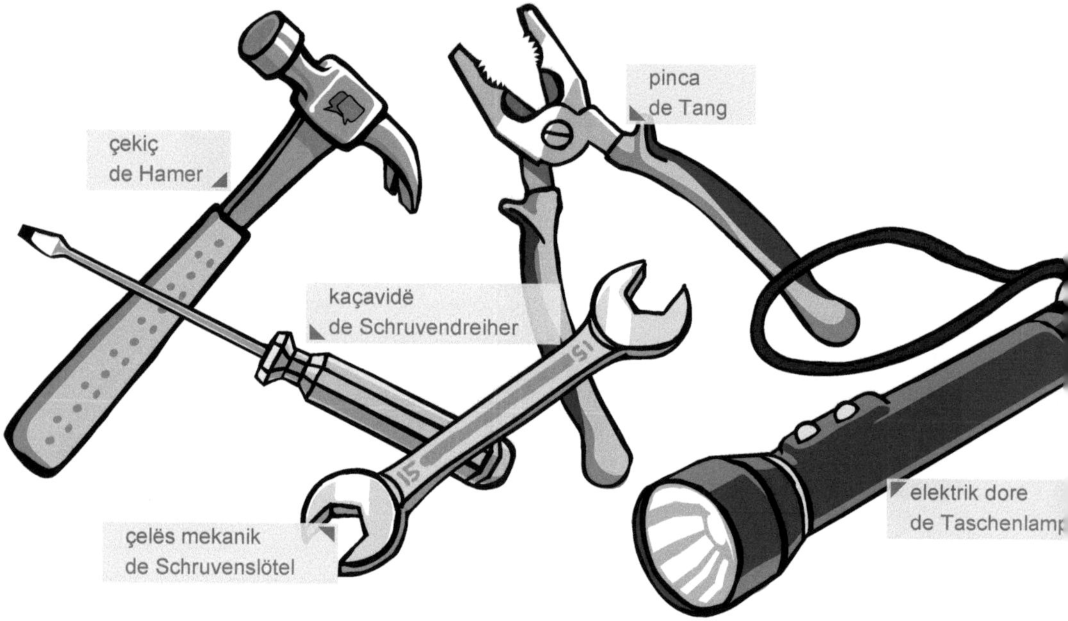
çekiç
de Hamer
pinca
de Tang
kaçavidë
de Schruvendreiher
çelës mekanik
de Schruvenslötel
elektrik dore
de Taschenlamp

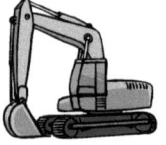

ekskavator

de Grieper

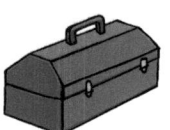

kuti veglash

de Warktüüchkassen

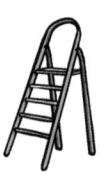

shkallë

de Ledder

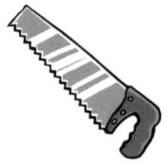

sharrë

de Saag

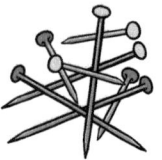

gozhdë

de Nagels

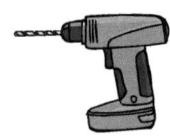

trapan

de Bohrer

riparoj

heelmaken

lopatë

de Schüffel

Dreq!

Schiet!

kaci

dat Kehrblick

kuti boje

de Farvpott

vidhë

de Schruven

instrumenta muzikorë
de Musikinstrumenten

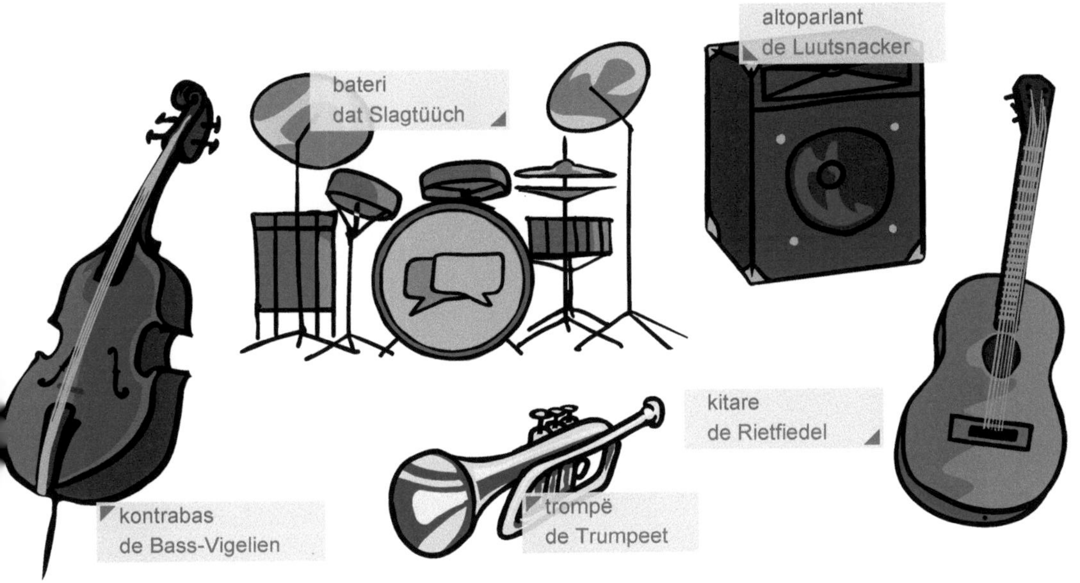

altoparlant
de Luutsnacker

bateri
dat Slagtüüch

kontrabas
de Bass-Vigelien

trompë
de Trumpeet

kitare
de Rietfiedel

piano

dat Klaveer

violinë

de Vigelien

bas

de Bass

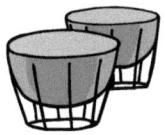

tamburë

de Pauk

daulle

de Trummeln

tastierë pianoje

dat Keyboard

saksofon

dat Saxophon

flaut

de Fleut

mikrofon

dat Mikrofoon

kopsht zoologjik
de Deertenpark

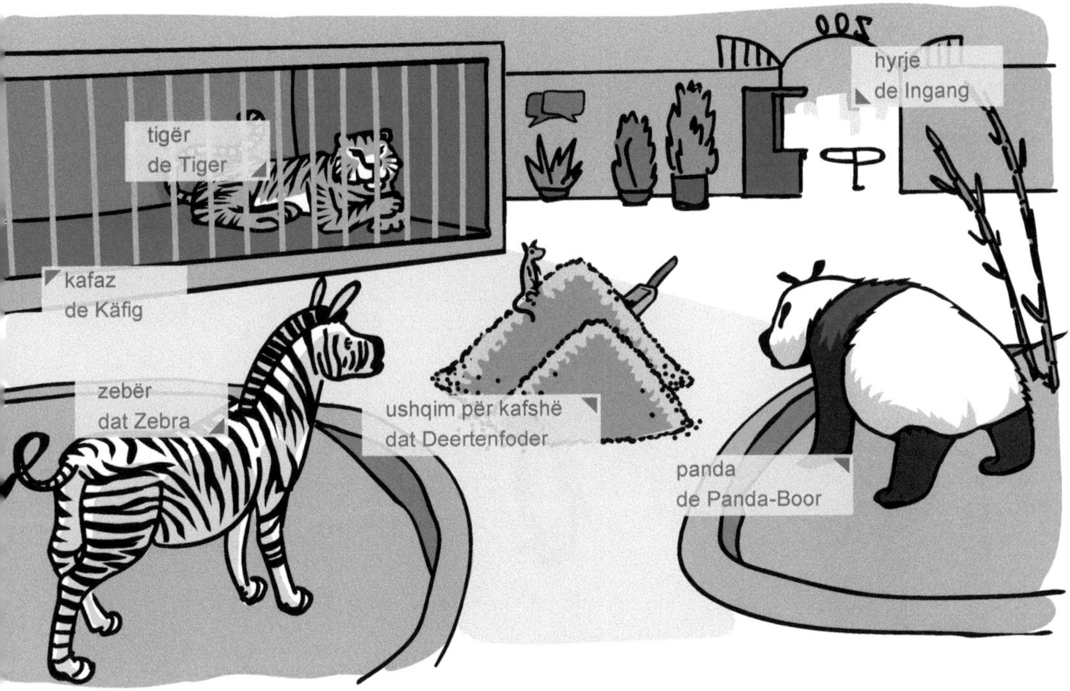
hyrje
de Ingang
tigër
de Tiger
kafaz
de Käfig
zebër
dat Zebra
ushqim për kafshë
dat Deertenfoder
panda
de Panda-Boor

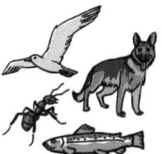

kafshë
de Deerten

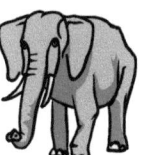

elefant
de Elefant

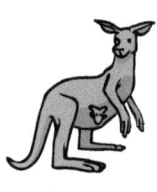

kangur
dat Känguru

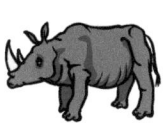

rinoceront
dat Neeshoorn

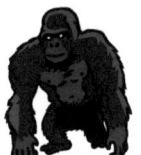

gorillë
de Gorilla

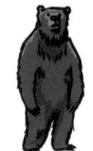

ari
de Boor

deve

dat Kameel

struc

de Struuß

luan

de Lööv

majmun

de Aap

flamingo

de Flamingo

papagall

de Papagoi

ari polar

de Iesboor

pinguin

de Pinguin

peshkaqen

de Haifisch

pallua

de Pageluun

gjarpër

de Slang

krokodil

dat Krokodil

punonjës i kopshtit zoologjik

de Oppasser in'n
Deertenpark

fokë

de Saalhund

xhaguar

de Jaguor

poni

dat Pony

leopard

de Leopard

hipopotam

dat Nilpeerd

gjirafë

de Giraff

shqiponjë

de Aadler

derr i egër

dat Wildswien

peshk

de Fisch

breshkë

de Schildkrööt

lopë deti

dat Walross

dhelpër

de Voss

gazelë

de Gazell

futboll amerikan
de Amerikaansch Football

çiklizëm
dat Radfohren

tenis
dat Tennis

basketboll
de Korfball

not
dat Swümmen

boks
dat Boxen

hokej mbi akull
dat Ieshockey

futboll
de Football

badminton
dat Fedderball

atletikë
de Leichtathletik

hendboll
de Handball

ski
dat Skilopen

polo
dat Polo

aktivitet
de Aktivitäten

qesh
lachen
hidhem
springen
përqafoj
ümarmen
eci
gahn
këndoj
singen
ëndërroj
drömen
lutem
beden
puth
snuteln

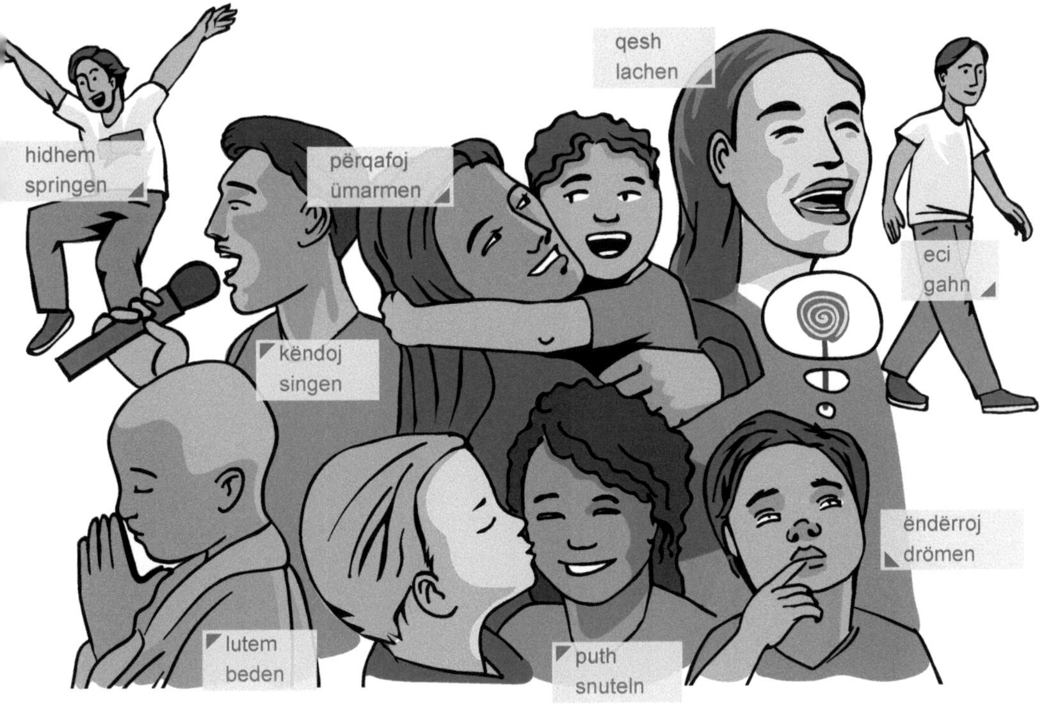

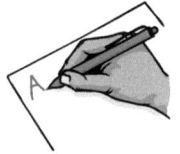

shkruaj

schrieven

vizatoj

teken

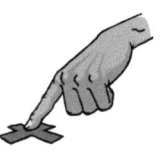

tregoj

wiesen

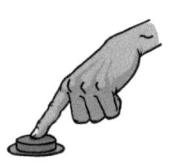

shtyj

drücken

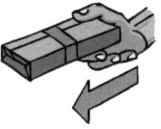

jap

geven

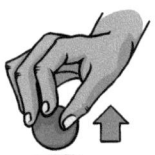

marr

nehmen

kam
hebben

bëj
doon

jam
sien

qëndroj
stahn

vrapoj
lopen

tërheq
trecken

hedh
smieten

bie
fallen

shtrihem
liggen

pres
töven

mbaj
dregen

ulem
sitten

vishem
antrecken

fle
slapen

zgjohem
opwaken

shikoj

ankieken

qaj

wenen

përkëdhel

eien

kreh

kämmen

bisedoj

snacken

kuptoj

verstahn

kërkoj

fragen

dëgjoj

hören

pi

drinken

ha

eten

sistemoj

oprümen

dashuroj

leefhebben

gatuaj

kaken

drejtoj makinën

fohren

fluturoj

flegen

aktivitet - de Aktivitäten

lundroj

segeln

llogaris

reken

lexoj

lesen

mësoj

lehren

punoj

arbeiden

martohem

de Plünnen tohoopsmieten

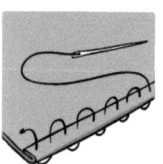

qep

neihen

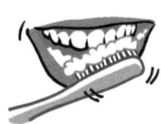

laj dhëmbët

Tähnen putzen

vras

dootmaken

tymos

smöken

dërgoj

schicken

jyshe
e Grootmoder

gjysh
de Grootvadder

baba
de Vadder

nënë
de Moder

ebe
at Winnelkind

vajzë
de Dochter

djalë
de Söhn

mysafir

de Gast

teze, hallë

de Tant

dajë, xhaxha

de Unkel

vëlla

de Broder

motër

de Süster

trupi

de Lief

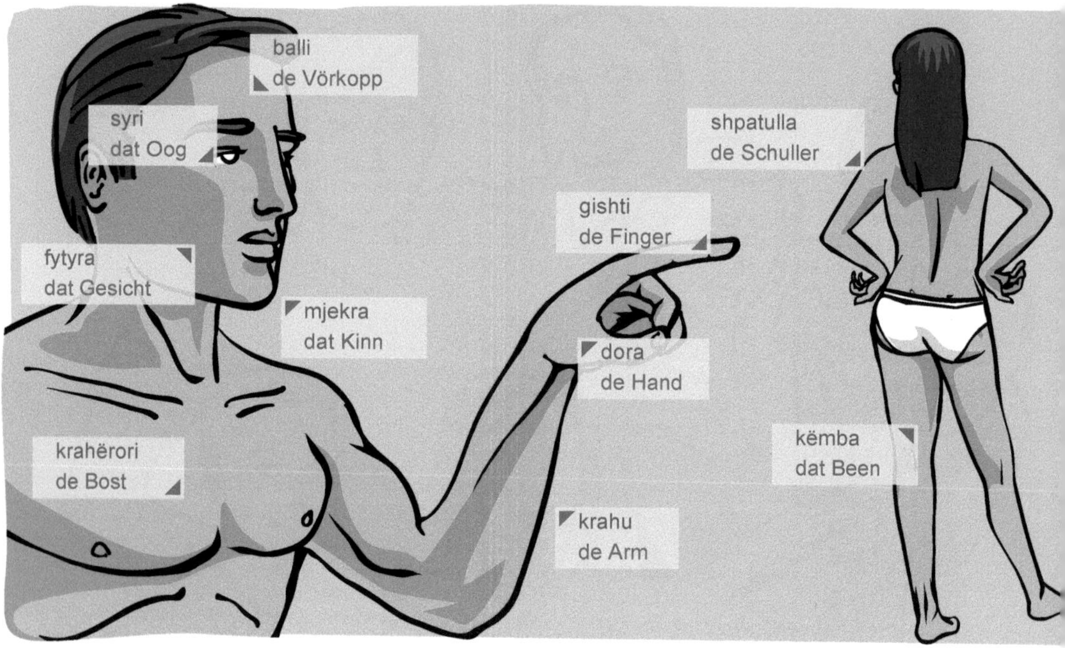

balli
de Vörkopp
syri
dat Oog
shpatulla
de Schuller
gishti
de Finger
fytyra
dat Gesicht
mjekra
dat Kinn
dora
de Hand
këmba
dat Been
krahërori
de Bost
krahu
de Arm

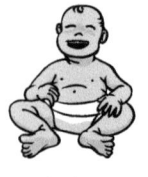

bebe

dat Winnelkind

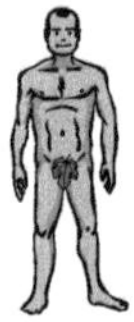

burrë

de Mann

grua

de Fro

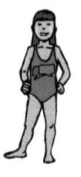

vajzë

de Deern

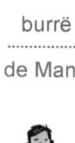

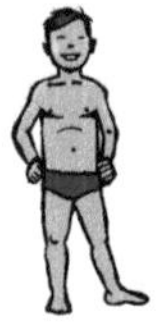

djalë

de Jung

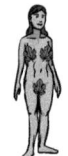

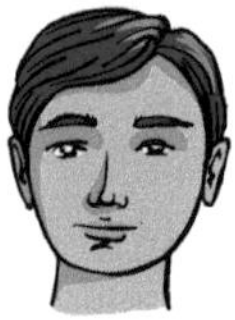

koka

de Arm

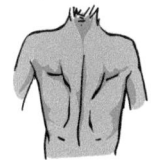

shpina

de Rüch

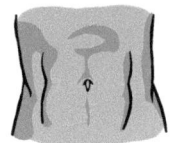

barku

de Buuk

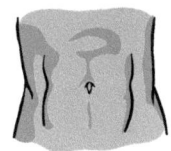

kërthiza

de Navel

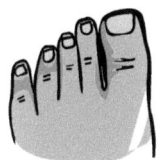

gisht këmbe

de Teh

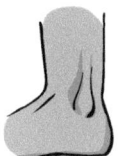

Thembra

de Hack

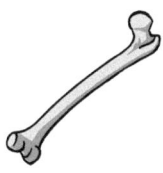

kockë

de Knaken

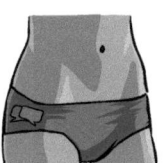

legeni

de Hüft

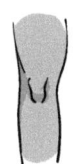

gjuri

dat Knee

bërryli

de Ellbagen

hunda

de Nees

vithe

de Achtersen

lëkura

de Huut

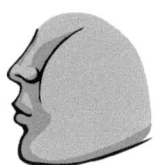

faqja

de Back

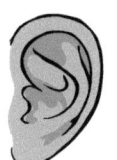

veshi

dat Ohr

buza

de Lipp

trupi - de Lief

69

goja

de Mund

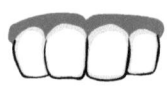

dhëmbët

de Tähn

gjuha

de Tung

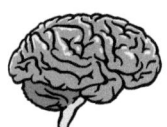

truri

de Bregen

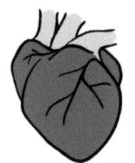

zemra

dat Hart

muskul

de Muskel

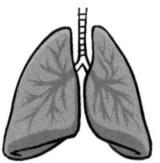

mushkëria

de Lung

mëlçia

de Lever

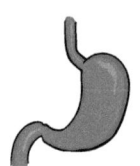

stomaku

de Maag

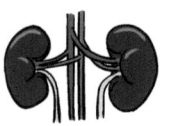

veshka

de Neren

seks

de Bislaap

prezervativ

dat Kondoom

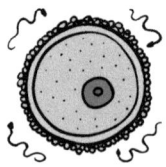

veza

de Eizell

sperma

dat Sperma

shtatëzani

de Anner Ümstänn

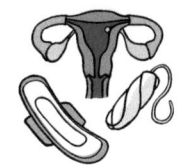

menstruacione

de Menstruatschoon

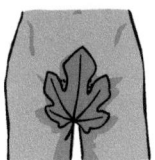

vagina

de Scheed

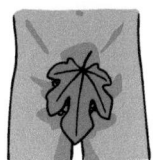

penis

de Pint

vetulla

de Ogenbroe

flokët

dat Hoor

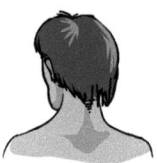

qafa

de Hals

spital

dat Krankenhuus

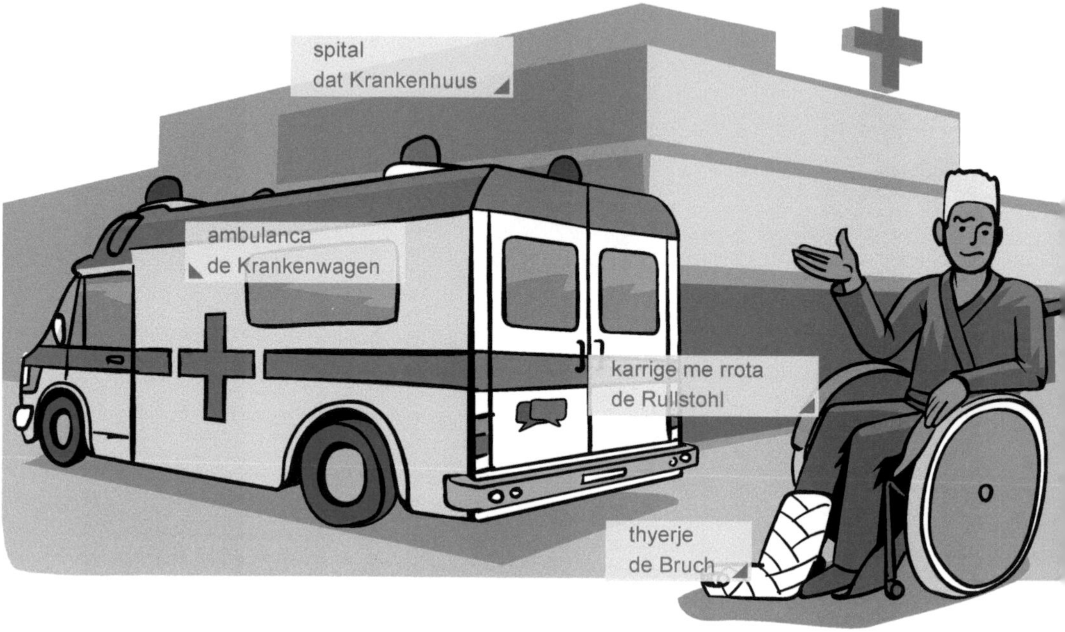

spital
dat Krankenhuus
ambulanca
de Krankenwagen
karrige me rrota
de Rullstohl
thyerje
de Bruch

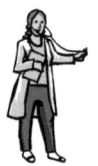

mjek

de Dokter

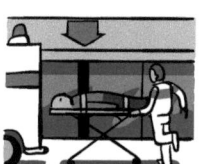

sallë urgjencash

de Nootopnahm

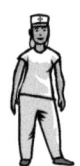

infermiere

de Krankensüster

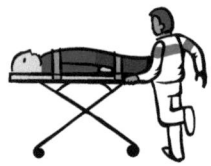

emergjencë

de Nootfall

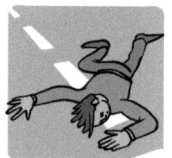

i pandërgjegjshëm

ahnmächtig

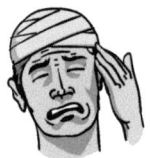

dhimbje

de Wehdaag

dëmtim

de Verwunnen

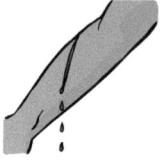

gjakosje

de Blöden

infarkt

de Hartinfarkt

goditje

de Slaganfall

alergji

de Allergie

kolla

de Hoosten

ethe

dat Fever

grip

de Gripp

diarre

de Dörchfall

dhimbje koke

de Koppwehdaag

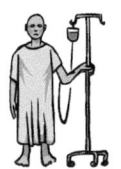

kancer

de Kreeft

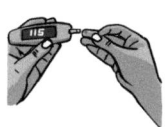

diabet

de Zuckersüük

kirurg

de Chirurg

bisturi

dat Chirurgsch Mess

operacion

de Operatschoon

spital - dat Krankenhuus　　　73

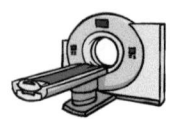

CT (skaner)

dat CT

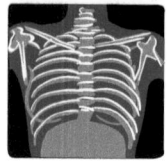

radiografi

de Dörchlüchten

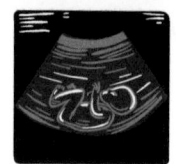

ultratingull

de Ultraschall

maskë fytyre

de Mask

sëmundje

de Krankheit

dhomë pritjeje

de Töövruum

paterica

de Krück

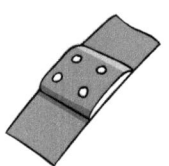

leukoplast

dat Plaaster

fasho

de Verband

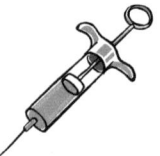

injeksion

de Insprütten

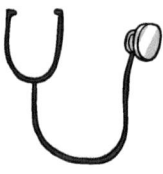

stetoskop

dat Stethoskop

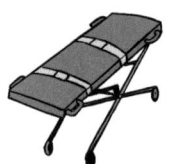

barelë

de Draag

termometër

dat Feverthermometer

lindje

de Geboort

mbipeshë

dat Övergewicht

spital - dat Krankenhuus

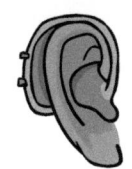

aparat dëgjimi

de Höörapparat

dezinfektant

dat Kiemfriemiddel

infeksion

de Ansteken

virus

de Virus

HIV / AIDS

dat HIV / AIDS

mjekësi, mjekim

dat Heelmiddel

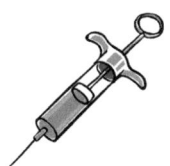

vaksinim

de Impen

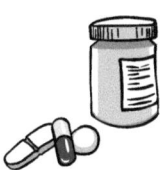

tableta

de Tabletten

pilulë

de Pill

telefonatë emergjence

de Nootroop

aparat tensioni

de Blootdruck-Meter

i sëmurë / i shëndetshëm

krank / gesund

Ndihmë!

Hölp!

alarm

de Alarm

sulm

de Överfall

atak

de Angreep

rrezik

de Gefohr

dalje emergjence

de Nootutgang

Zjarr!

dat Füer!

fikëse zjarri

de Füerlöscher

aksident

de Unfall

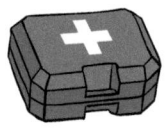

kuti e ndimës së shpejtë

de Noothölpkoffer

SOS

SOS

policia

de Polizei

Europa

Europa

Amerika e Veriut

Noordamerika

Amerika e Jugut

Süüdamerika

Afrika

Afrika

Azia

Asien

Australia

Australien

Atlantiku

de Atlantik

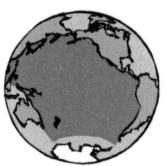

Paqësori

de Pazifik

Oqeani Indian

dat Indisch Weltmeer

Oqeani Antarktik

dat Antarktisch Weltmeer

Oqeani Arktik

dat Arktisch Weltmeer

Poli i veriut

de Noordpol

Poli i Jugut

de Süüdpol

Antarktida

de Antarktis

toka

de Eerd

tokë

dat Land

det

de See

ishull

dat Eiland

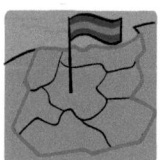

komb

de Natschoon

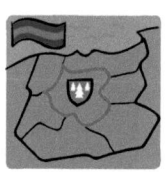

shtet

de Staat

fusha e orës

dat Tallenblatt

akrepi i orës

de Stunnenwieser

akrepi i minutave

de Minutenwieser

akrepi i sekondave

de Sekunnenwieser

Sa është ora?

Wo laat is dat?

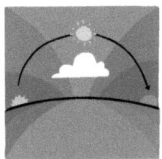

ditë

de Dag

kohë

de Tiet

tani

nu

orë dixhitale

de digetaalsch Klock

minutë

de Minuut

orë

de Stunn

javë

de Week

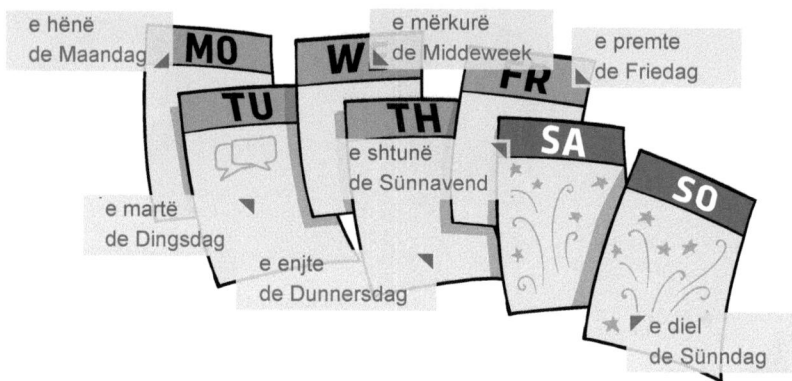

e hënë
de Maandag

e mërkurë
de Middeweek

e premte
de Friedag

e shtunë
de Sünnavend

e martë
de Dingsdag

e enjte
de Dunnersdag

e diel
de Sünndag

dje

güstern

sot

hüüt

nesër

morgen

mëngjes

de Morgen

mesditë

de Meddag

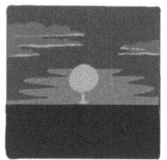

mbrëmje

de Avend

ditë pune

de Arbeitsdaag

fundjavë

dat Wekenenn

vit
dat Johr

shi
de Regen
ylber
de Regenbagen
borë
de Snee
erë
de Wind
pranverë
dat Fröhjohr
vjeshtë
de Harvst
verë
de Sommer
dimër
de Winter

4.APRIL 11°
5.APRIL 4°
6.APRIL 13°
7.APRIL 8°
8.APRIL 10°

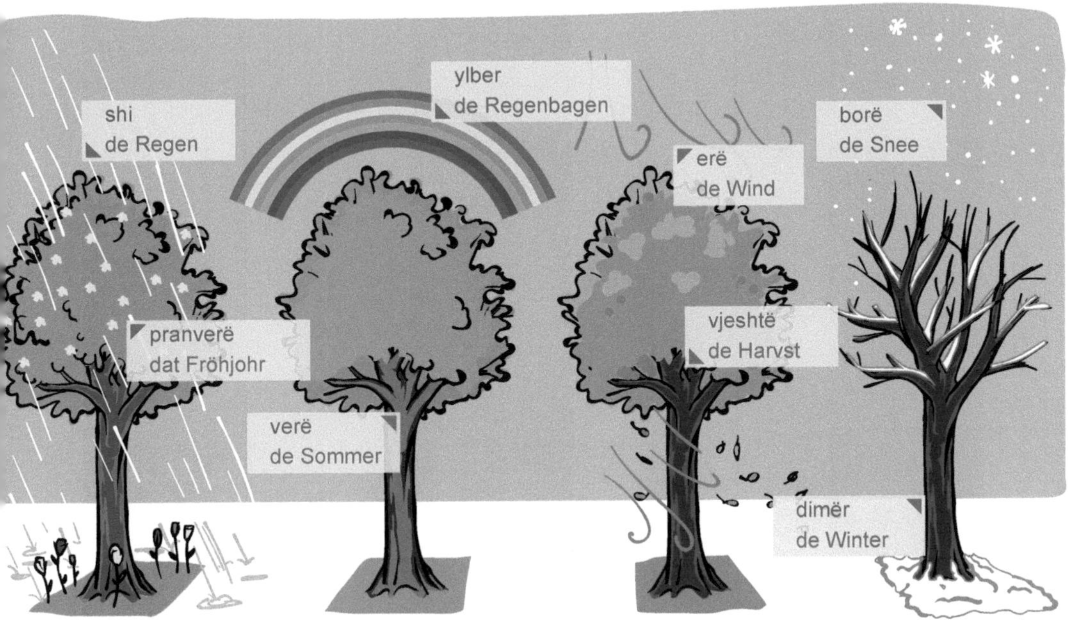

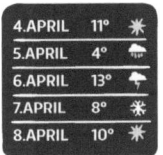

parashikimi i motit

de Wedervörhersaag

F C
120 40
90 30
60 20
30 10
0 0
-30 -10
-20

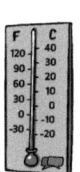

termometër

dat Thermometer

ndriçim dielli

de Sünnenschien

re

de Wulk

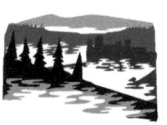

mjegull

de Nevel

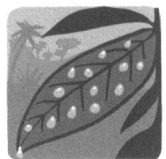

lagështi

de Luftfuchtigkeit

vetëtima

de Blitz

gjëmim

de Dunner

stuhi

de Storm

breshër

de Hagel

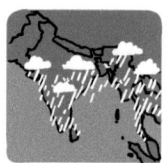

muson

de Monsun

përmbytje

de Floot

akull

dat Ies

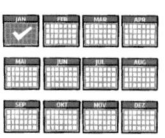

janar

de Januormaand

shkurt

de Februormaand

mars

de Martmaand

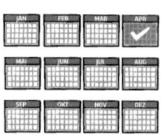

prill

de Aprilmaand

maj

de Maimaand

qershor

de Junimaand

korrik

de Julimaand

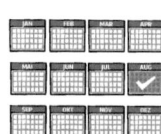

gusht

de Augustmaand

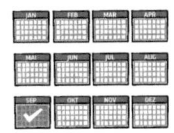

shtator

de Septembermaand

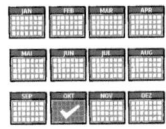

tetor

de Oktobermaand

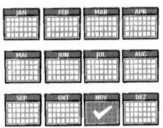

nëntor

de Novembermaand

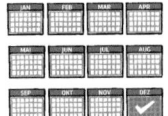

dhjetor

de Dezembermaand

forma

de Formen

rreth

de Krink

katror

dat Quadrat

drejtkëndësh

dat Rechteck

trekëndësh

dat Dreeeck

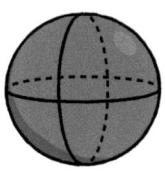

sferë

de Kugel

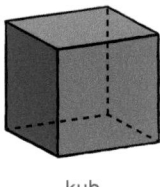

kub

de Wörpel

ngjyra
de Farven

e bardhë

witt

e verdhë

geel

portokalli

orangsch

rozë

pink

e kuqe

root

vjollcë

lila

blu

blau

e gjelbër

grőőn

kafe

bruun

gri

gries

e zezë

swart

shumë / pak

veel / wenig

i nevrikosur / i qetë

böös / verdreeglich

i bukur / i shëmtuar

smuck / mies

fillim / fund

de Begünn / dat Enn

i madh / i vogël

groot / lütt

i ndritshëm / i errët

hell / düüster

vëlla / motër

de Broder / de Süster

e pastër / e pistë

schier / schietig

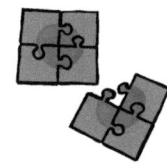

e plotë / jo e plotë

kumpleet / nich kumpleet

ditë / natë

de Dag / de Nacht

gjallë / vdekur

doot / lebennig

i gjerë / i ngushtë

breet / small

i ngrënshëm / i pangrënshëm
geneetbor / nich geneetbor

i keq / i këndshëm

böös / fründlich

i lumtur / i mërzitur

fickerig / langwielt

i shëndoshë / i dobët

dick / dünn

e para / e fundit

toeerst / toletzt

mik / armik

de Fründ / de Fiend

plot / bosh

vull / leddig

e fortë / e butë

hart / week

e rëndë / e lehtë

swoor / licht

uri / etje

de Smacht / de Döst

i sëmurë / i shëndetshëm

krank / gesund

e paligjshme / e ligjshme

nich na't Recht / na't Recht

i zgjuar / budalla

klook / dummerhaftig

majtas / djathtas

linkerhand / rechterhand

afër / larg

neeg / feern

e re / e përdorur

nieg / bruukt

asgjë / diçka

nix / wat

i moshuar / i ri

oolt / jung

ndezur / fikur

an / ut

hapur / mbyllur

apen / slaten

i qetë / i zhurmshëm

lies / luut

i pasur / i varfër

riek / arm

e drejtë / e gabuar

richtig / verkehrt

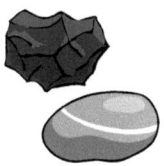

i ashpër / i butë

ruug / glatt

i mërzitur / i lumtur

trurig / glücklich

i shkurtër / i gjatë

kort / lang

ngadalë / shpejt

suutje / flink

i lagësht / i thatë

natt / dröög

ngrohtë / freskët

warm / köhl

luftë / paqe

de Krieg / de Freden

0	**1**	**2**
zero	një	dy
null	een	twee

3	**4**	**5**
tre	katër	pesë
dree	veer	fief

6	**7**	**8**
gjashtë	shtatë	tetë
söss	söven	acht

9	**10**	**11**
nentë	dhjetë	njëmbëdhjetë
negen	teihn	ölven

12

dymbëdhjetë
twölf

13

trembëdhjetë
dörteihn

14

katërmbëdhjetë
veerteihn

15

pesëmbëdhjetë
föffteihn

16

gjashtëmbëdhjetë
sössteihn

17

shtatëmbëdhjetë
söventeihn

18

tetëmbëdhjetë
achtteihn

19

nentëmbëdhjetë
negenteihn

20

njëzetë
twintig

100

qind
hunnert

1.000

mijë
dusend

1.000.000

milion
million

anglisht

dat Engelsch

anglishte amerikane

dat Amerikaansch Engelsch

kinezisht mandarin

dat Chineesch Mandarin

hindi

dat Hindi

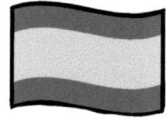

spanjisht

dat Spaansch

frëngjisht

dat Franzöösch

arabisht

dat Araabsch

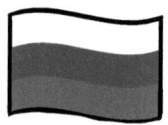

rusisht

dat Rusch

portugalisht

dat Portugiesch

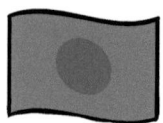

bengalisht

dat Bengaalsch

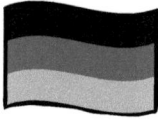

gjermanisht

dat Düütsch

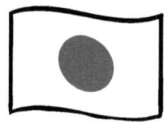

japonisht

dat Japaansch

unë
....
ik

ti
....
du

ai / ajo
....
he / se / dat

ne
....
wi

ju
....
ji

ata
....
se

kush?
....
keen?

çfarë?
....
wat?

si?
....
woans?

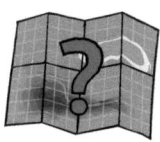

ku?
....
woneem?

kur?
....
wannehr?

emër
....
de Naam

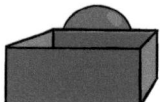

pas

achter

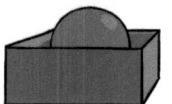

në

in

përballë

vör

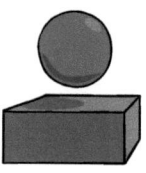

sipër

över

mbi

op

poshtë

ünner

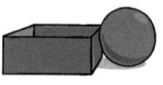

pranë

blangen

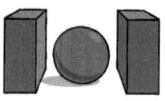

midis

twüschen

vend

de Oort